SE 07

Curso

*La diferencia entre aprobar
y sacar plaza*

Limpiador/a

DIPUTACIÓN PROVINCIAL DE BURGOS

Si aún no dispones de tu **Curso MAD360**, te ofrecemos un acceso GRATIS de 30 días para que disfrutes de los siguientes recursos:

- Técnicas de Memoria 360.
- MADTEST: Test *online* Nivel PRO.
- Temario en formato digital.
- Vídeos.
- Esquemas.
- Planificación de estudio.
- Foro entre opositores hasta la fecha del examen.*
- Recursos y novedades exclusivas.
- Consúltanos sobre tu oposición y proceso selectivo.
- Actualizaciones legislativas (Boletines Oficiales) hasta 60 días antes de la fecha del examen.*

Para acceder a esta prueba del Curso MAD360** será necesaria la compra de todos los libros para esta especialidad de la edición 2025.

Regístrate en **mad.es/iniciar-sesion** y en la pestaña MIS CURSOS valida los códigos que encuentras en la última página de tus libros.

Limpiador/a de la Diputación Provincial de Burgos

Octubre, 2025

Limpiador/a de la Diputación Provincial de Burgos

Test del temario

Autores

FRANCISCO JESÚS TORRES FONSECA
Licenciado en Derecho

JUAN MANUEL GIL RAMOS
Licenciado en Medicina
Master en Salud Ambiental
Médico Puericultor

HERMINIA ANDRADES ROMERO
Diplomada en Fisioterapia
Técnico Superior en Imagen para el Diagnóstico
Técnica Superior en Laboratorio de Análisis Clínico
Prevencionista de Riesgos laborales (grado intermedio)
Auxiliar de Enfermería

ANA MARÍA SERRANO BÁRCENA
Licenciada en Biología

M.ª DOLORES MOLADA LOPEZ
Diplomada en Magisterio
Técnico en Prevención de Riesgos Laborales

ENCARNA ROJO FRANCO
Redactora Senior
Oposicions i Cursos Professionals

TERESA MARÍA TORRES FONSECA
Licenciada en Derecho

LIDIA PONCE MARTÍNEZ
Licenciada en Psicología

© 7 Editores Recursos para la Cualificación Profesional y el Empleo, S.L. (7 Editores)
© Los autores
Primera edición, octubre 2025 (198 páginas)
Derechos de edición reservados a favor de 7 Editores
IMPRESO EN ESPAÑA
Diseño Portada: 7 Editores
Edita: 7 Editores
Avda. San Francisco Javier, 9 · Edificio Sevilla 2 · Planta 11 · Módulos 25-27 · 41018 Sevilla
Teléfono: 954 784 411 · WEB: www.mad.es · e-mail: administracion@7editores.com
ISBN: 979-13-702-8115-1
© "Editorial Mad" y "Eduforma" son nombres comerciales registrados de
7 Editores Recursos para la Cualificación Profesional y el Empleo, S.L.

Índice

MATERIAS COMUNES

TEST N.º 1

La Constitución Española de 1978. Principios y estructura. Derechos y deberes fundamentales. La organización territorial del Estado. La provincia

1. ¿En qué se fundamenta la Constitución Española?

a) En un Estado social y democrático de Derecho.
b) En la indisoluble unidad de la Nación española.
c) En la independencia de los poderes del Estado.
d) En la organización territorial del Estado.

2. Según el artículo 3 de la CE, el castellano es la lengua oficial del Estado y todos los españoles:

a) Tienen el deber de usar y el derecho de conocer el castellano.
b) Tienen el derecho y el deber de conocer el castellano.
c) Tienen el deber de conocer y el derecho de usar el castellano.
d) Tienen el derecho de conocer y usar el castellano.

3. La Constitución Española reconoce y garantiza el derecho a la autonomía:

a) De las nacionalidades que la integran.
b) De las regiones que la integran.
c) De las Comunidades Autónomas que la integran.
d) De las nacionalidades y regiones que la integran.

4. El Preámbulo de la Constitución:

a) Tiene en sí carácter de norma jurídica.
b) Es una declaración de intenciones, destinada a interpretar lo que se quiere alcanzar con el contenido normativo de la Constitución.
c) Se trata de un texto sin fuerza jurídica de obligar.
d) Las respuestas b) y c) son correctas.

5. Señala la afirmación correcta, respecto de la aprobación, ratificación y publicación de la Constitución Española:

a) Aprobada por las Cortes el 31 de octubre de 1978, ratificada por el pueblo en referéndum el 6 de diciembre de 1978 y publicada el 29 de diciembre de 1978.

b) Aprobada por las Cortes el 30 de octubre de 1978, ratificada por el pueblo en referéndum el 16 de diciembre de 1978 y publicada el 27 de diciembre de 1978.

c) Aprobada por las Cortes el 31 de octubre de 1978, ratificada por el pueblo en referéndum el 16 de diciembre de 1978 y publicada el 29 de diciembre de 1978.

d) Aprobada por las Cortes el 10 de octubre de 1978, ratificada por el pueblo en referéndum el 26 de diciembre de 1978 y publicada el 30 de diciembre de 1978.

6. ¿En qué parte de la Carta Magna se establece la exposición de motivos que impulsan la norma constitucional y los objetivos que con ella se pretenden alcanzar?

a) En el Título preliminar.

b) En el Preámbulo.

c) En el Título I.

d) En el Título II.

7. La Constitución Española fue sancionada por:

a) El Rey.

b) El Presidente del Congreso.

c) Las Cortes Generales.

d) El Presidente del Gobierno.

8. ¿Cuáles de los siguientes españoles de origen pueden ser privados de su nacionalidad?

a) Exclusivamente los miembros de grupos terroristas.

b) Los miembros de grupos terroristas y los que atenten contra el Rey u otro miembro de la Casa Real.

c) Los que atenten contra un miembro de la Familia Real o del Gobierno de la Nación.

d) Ningún español de origen podrá ser privado de su nacionalidad.

9. Según la CE son fundamentos del orden político y la paz social:

a) La dignidad de la persona, los derechos violables que les son inherentes y el respeto a la ley.

b) La dignidad de la persona, el desarrollo limitado de la personalidad y el respeto a la ley.

c) El respeto a la ley, a los reglamentos administrativos y demás disposiciones legales.

d) La dignidad de la persona, los derechos inviolables que le son inherentes, el libre desarrollo de su personalidad, el respeto a la ley y a los derechos de los demás.

10. ¿Cuál de los siguientes es considerado por la CE como uno de los valores superiores del ordenamiento jurídico?

a) La jerarquía normativa.
b) El pluralismo político.
c) La publicidad normativa.
d) La equidad.

11. La forma política del Estado español es:

a) Democracia parlamentaria.
b) Gobierno parlamentario.
c) Monarquía parlamentaria.
d) República democrática.

12. La parte de la CE que regula la estructura de los principales órganos del Estado recibe el nombre de:

a) Parte dogmática.
b) Parte orgánica.
c) Parte estatal.
d) Parte estructural.

13. Según la CE, la soberanía nacional:

a) Corresponde a las Cortes Generales, al estar compuestas por los representantes del pueblo.
b) Corresponde al Rey.
c) Reside en el pueblo español.
d) Corresponde al Gobierno de la Nación elegido directamente por el pueblo.

14. El derecho a la propiedad en nuestra Constitución es un Derecho:

a) Inherente a la condición humana.
b) Absoluto.
c) Limitado por la función social de la misma.
d) Ninguna de las respuestas anteriores es correcta.

15. ¿En qué parte de la Carta Magna se señalan los valores superiores del ordenamiento jurídico?

a) En el Preámbulo.
b) En el Título Preliminar.
c) En el Título I.
d) Ninguna respuesta es correcta.

16. ¿Cuál de las siguientes es una de las características de nuestra Constitución de 1978?

a) Consensuada.
b) Corta.
c) Conservadora.
d) Originalidad.

17. Son el fundamento del orden político y de la paz social:

a) El libre desarrollo de la personalidad.
b) Los derechos inviolables que les son inherentes.
c) El respeto a la ley y a los derechos de los demás.
d) Todas las respuestas son correctas.

18. Las primeras elecciones democráticas celebradas en España tras la muerte de Franco tuvieron lugar en:

a) 1975.
b) 1976.
c) 1977.
d) 1978.

19. El referéndum en el que se aprobó popularmente la Constitución se llevó a efecto el:

a) 27 de diciembre de 1978.
b) 6 de diciembre de 1978.
c) 31 de octubre de 1978.
d) 29 de diciembre de 1979.

20. La ponencia encargada de redactar el borrador de la Constitución se constituyó en el:

a) Senado.
b) Senado y Congreso de los Diputados.
c) Congreso de los Diputados.
d) Gobierno de la Nación.

21. Si un poder público, en su actuación, infringe lo dispuesto en el Preámbulo de la Constitución:

a) Incurre en nulidad.
b) Incurre en inconstitucionalidad.
c) No pasa nada salvo que, como consecuencia de esa actuación, se infrinja un artículo de la propia Constitución.
d) Nada de lo anterior es cierto.

22. El principio en virtud del cual el ciudadano está amparado por una legislación no sujeta a continuos vaivenes es el de:

a) Legalidad.
b) Publicidad normativa.
c) Seguridad jurídica.
d) Jerarquía normativa.

23. El principio en virtud del cual un Reglamento no puede contradecir una ley es el de:

a) Legalidad.
b) Jerarquía normativa.
c) Las respuestas a) y b) son correctas.
d) Seguridad jurídica.

24. Según la Constitución, una norma que imponga una nueva pena más leve para un delito:

a) No se aplica retroactivamente.
b) Puede aplicarse retroactivamente.
c) Ha de ser reglamentaria.
d) Atenta contra el principio de legalidad penal si se aplica retroactivamente.

25. Todos los españoles, respecto al castellano, tienen el:

a) Derecho-deber de conocerlo.
b) Derecho de usar y deber de conocerlo.
c) Derecho-deber de usarlo.
d) Nada de lo anterior.

26. La capital del Estado en España es:

a) La propia de cada Comunidad Autónoma.
b) La villa de Madrid.
c) Aquella donde se establezca en cada momento el Gobierno de la Nación.
d) Aquella en la que resida generalmente el Rey.

27. El Título de la Constitución que trata de la reforma constitucional es el:

a) Primero.
b) Décimo.
c) Noveno.
d) Undécimo.

28. El Defensor del Pueblo se regula en el siguiente Título y Capítulo de la Constitución, respectivamente:

a) Preliminar y 1.º
b) Segundo y 4.º
c) Segundo y 3.º
d) Primero y 4.º

29. El Título de la misma que trata del Gobierno y la Administración es el:

a) Tercero.
b) Cuarto.
c) Quinto.
d) Sexto.

30. Los principios rectores de la política social y económica se regulan en el siguiente Capítulo y Título de la Constitución:

a) Segundo del Primero.
b) Tercero del Primero.
c) Tercero del Preliminar.
d) Primero del Séptimo.

31. La derogación de una norma posconstitucional que vaya en contra de la Constitución se efectúa por el/la/las:

a) Propia Constitución.
b) Tribunal Constitucional.
c) Cortes Generales.
d) Gobierno de la Nación.

32. El pluralismo político, para nuestra Constitución, es un/una:

a) Principio General del ordenamiento político.
b) Valor superior del ordenamiento jurídico.
c) Principio rector de la política social y económica.
d) Derecho fundamental.

33. La forma política del Estado español es:

a) Unitaria y regionalizada.
b) Federal.
c) La Monarquía Parlamentaria.
d) La propia de un Estado Social y Democrático.

34. La justicia, según nuestra Constitución, es un/una:

a) Principio de nuestro ordenamiento jurídico.
b) Valor superior del anterior.
c) Manifestación del Estado democrático.
d) Todo lo anterior.

35. Un español de origen puede perder esta nacionalidad:

a) Por sanción administrativa.
b) Cuando libremente renuncie a la misma.
c) Por condena penal.
d) En ningún caso.

36. Constituye el fundamento del orden público y de la paz social, según la Constitución, el/la/los:

a) Derechos inviolables inherentes a la persona.
b) Estado social y democrático de Derecho.
c) Seguridad jurídica.
d) Justicia.

37. Las Comunidades Autónomas deben usar o instalar la bandera española:

a) En sus edificios.
b) En los actos oficiales.
c) Cuando lo solicite el Delegado del Gobierno de la Nación en las mismas.
d) Cuando lo estimen oportuno.

38. Deben tener una estructura interna y un funcionamiento democrático los/las:

a) Partidos Políticos.
b) Colegios Profesionales.
c) Organizaciones Profesionales.
d) Todos ellos.

39. La defensa de la integridad territorial de España se atribuye por la Constitución a/al/a las:

a) Fuerzas y Cuerpos de Seguridad.
b) Fuerzas Armadas.
c) Gobierno de la Nación.
d) Todas las anteriores.

40. El Título de la Constitución que trata de las relaciones entre el Gobierno y las Cortes Generales es el:

a) Cuarto.
b) Quinto.
c) Sexto.
d) Tercero.

41. La Constitución entró en vigor:

a) Al día siguiente de su publicación en el Boletín Oficial del Estado.
b) El 27 de diciembre de 1978.
c) El 29 de diciembre de 1978.
d) Al ser aprobada en la sesión conjunta por el Congreso de los Diputados y el Senado.

42. Según la Constitución, el Estado es:

a) Apolítico.
b) Aconfesional.
c) De bienestar social.
d) Federal.

43. El derecho a la vida se consagra en el siguiente artículo de la Constitución:

a) 10.
b) 16.
c) 15.
d) 24.

44. La pena de muerte en España:

a) Ha quedado abolida.
b) Puede aplicarse en cualquier momento.
c) Solo se aplicará, en tiempo de guerra, a los militares.
d) Rige solo en el ámbito civil.

45. La inmediata puesta a disposición judicial derivada del habeas corpus, se produce por:

a) Detención ilegal.
b) Prisión ilegal.
c) Prisión preventiva.
d) Detención preventiva.

46. El proceso en el que se enjuicie a un presunto delincuente debe:

a) Ser sumario.
b) No dilatarse.
c) Entorpecer los instrumentos probatorios.
d) Nada de lo anterior es cierto.

47. La entrada en un domicilio en caso de flagrante delito, sin autorización de su titular:

a) Puede dar lugar a la aplicación del habeas corpus.
b) Requiere autorización previa de la autoridad judicial.
c) Puede efectuarse en todo momento.
d) No puede realizarse en momento alguno.

48. Cuando, al conocerse la comisión de un delito por una persona, se acude a su domicilio para detenerla:

a) Está obligada a franquear la entrada.
b) Se necesitará autorización judicial para entrar, si no da su consentimiento para ello.
c) Pese a que no dé su consentimiento, se puede entrar.
d) Nada de lo anterior es correcto.

49. La autorización previa para celebrar una manifestación pública:

a) La da el Subdelegado del Gobierno en la Provincia.
b) Es ineludible.
c) Sería inconstitucional.
d) Se da cuando no se prevean alteraciones al orden público, con peligro para personas o bienes.

50. El tipo de sufragio que consagra la Constitución es el:

a) Proporcional.
b) Universal.
c) Censitario.
d) Las respuestas a) y b) son correctas.

51. Además de la no autoinculpación, la Constitución prevé que no se está obligado a declarar sobre un hecho presuntamente delictivo en caso de:

a) Parentesco y afinidad.
b) Cláusula de conciencia.
c) Secreto profesional.
d) Las respuestas a) y b) son correctas.

52. ¿Qué artículos de nuestra Constitución Española se dedican a la reforma constitucional?

a) Los artículos 166 a 169.
b) Los artículos 160 a 166.
c) Los artículos 58 a 107.
d) Los artículos 13 a 21.

53. Los Tribunales de Honor están prohibidos respecto de los/la/las:

a) Sindicatos y Organizaciones Profesionales.
b) Administración Civil y Militar.
c) Organizaciones Profesionales y la Administración Civil.
d) Todas las respuestas anteriores son correctas.

54. El secreto profesional, constitucionalmente, sirve para:

a) Ejercer con libertad una profesión titulada.
b) La libertad de creación científica y técnica.
c) No declarar sobre hechos presuntamente delictivos.
d) Todo lo anterior.

55. La fundación de una Internacional Sindical por un sindicato español:

a) Es libre.
b) Está prohibida.
c) Debe plasmarse en un Tratado Internacional.
d) Nada de lo anterior es cierto.

56. El ejercicio del derecho de petición a través de una manifestación ciudadana:

a) No se admite.
b) Se admite en algún caso.
c) Se admite, salvo para los militares.
d) Ni se admite ni se prohíbe.

57. Nuestro sistema tributario ha de ser:

a) Regresivo e igualitario.
b) Progresivo y generalizado.
c) Confiscatorio.
d) Justo y regresivo.

58. Las Fundaciones son:

a) Entidades constituidas para fines de interés general.
b) Administración Corporativa.

c) Entidades privadas con fines de carácter también privado.
d) Asociaciones de personas para conseguir fines de interés general.

59. La asistencia de todo orden a los hijos habidos extraconyugalmente:

a) No está prevista en la Constitución.
b) Es un deber de los padres.
c) Se dispensará por Instituciones de Beneficencia.
d) Se dispensa solo a los que de ellos tengan discapacidad.

60. La especulación urbanística, según la Constitución:

a) Debe evitarse.
b) Está permitida.
c) Genera plusvalías para la colectividad.
d) Pueden hacerla los poderes públicos.

61. No es susceptible de recurso de amparo el derecho a la/de:

a) Sindicación.
b) Investigación científica.
c) Secreto de las comunicaciones.
d) Lo son todos ellos.

62. Tampoco lo es el derecho de:

a) Libertad de cátedra.
b) Negociación colectiva.
c) Manifestación.
d) Huelga.

63. Y sí lo está el derecho de/a la:

a) Libre sindicación.
b) Petición.
c) Cláusula de conciencia.
d) Lo están todos ellos.

64. Una vez declarado el estado de excepción no se puede suspender el derecho/libertad de:

a) Huelga.
b) Enseñanza.
c) Adopción de medidas de conflicto colectivo.
d) Libertad de circulación.

65. Durante el estado de excepción, un detenido conserva el derecho de/a:

a) Setenta y dos horas para ser puesto a disposición judicial.
b) Secreto de comunicaciones.
c) Asistencia de Letrado.
d) Ninguno de ellos.

66. Se puede suspender, con motivo de investigaciones relativas a bandas armadas, el derecho de:

a) Huelga.
b) Inviolabilidad del domicilio.
c) Libertad de circulación.
d) Las respuestas b) y c) son correctas.

67. ¿En qué fecha aprobaron las Cortes Generales la Constitución Española?

a) El 31 de octubre de 1978.
b) El 6 de diciembre de 1978.
c) El 27 de diciembre de 1978.
d) El 29 de diciembre de 1978.

68. ¿Cuál de las siguientes no es una característica de la Carta Magna?

a) Su rigidez.
b) El establecimiento, como forma política del Estado, de la monarquía hereditaria.
c) Su codificación en un solo texto.
d) Su extensión.

69. ¿De cuántos artículos consta la Constitución Española de 1978?

a) De 154.
b) De 163.
c) De 169.
d) De 171.

70. ¿Cuál de los siguientes no es uno de los valores superiores de nuestro ordenamiento jurídico?

a) El pluralismo político.
b) La solidaridad.
c) La libertad.
d) La igualdad.

71. A tenor del artículo 11 de la Constitución, los españoles de origen podrán ser privados de su nacionalidad:

a) Cuando así lo determinen las leyes.
b) Cuando entren al servicio de las armas de un país extranjero.
c) Cuando así lo apruebe el Consejo de Ministros.
d) En ningún caso un español de origen podrá ser privado de su nacionalidad.

72. Las Cortes Generales, ¿en qué Título de nuestra Constitución se recogen?

a) En el Título II.
b) En el Título III.
c) En el Título IV.
d) En el Título VI.

73. Según la Disposición Final de nuestra Constitución, esta entrará en vigor:

a) Al día siguiente de su publicación en el Boletín Oficial del Estado.
b) A los veinte días de la publicación de su texto oficial en el Boletín Oficial del Estado.
c) El mismo día de la publicación de su texto oficial en el Boletín Oficial del Estado.
d) Al año de la publicación de su texto oficial en el Boletín Oficial del Estado.

74. Nuestra Constitución trata de los derechos y deberes fundamentales de los españoles en su Título I, denominado:

a) De los derechos y deberes fundamentales.
b) De los deberes de los españoles.
c) De los derechos de los españoles.
d) De los derechos y deberes principales de los españoles.

75. ¿En qué artículos de nuestra CE se recogen los derechos fundamentales y de las libertades públicas?

a) En los artículos 10 a 43.
b) En los artículos 25 a 38.
c) En los artículos 31 a 45.
d) En los artículos 15 a 29.

76. Según la Constitución, las entidades que forman parte de la organización territorial del Estado tienen la nota común de:

a) Autogobierno.
b) Independencia.
c) Autonomía.
d) Financiación propia.

77. La titularidad de la soberanía española radica en el/las:

a) Cortes Generales como representantes del pueblo español.
b) Rey como Jefe del Estado.
c) Pueblo mismo.
d) Nacionalidades y regiones que integran España.

78. No pueden constituirse en Comunidades Autónomas los territorios:

a) Que no estén integrados en la organización provincial.
b) Que, no siendo superiores a una provincia, tengan entidad regional histórica.
c) Que, no siendo superiores a una provincia, no tengan entidad regional histórica.
d) Interinsulares.

79. La vía ordinaria de acceso a la autonomía por el artículo 143 de la Constitución se sigue por los/las:

a) Provincias con entidad regional histórica.
b) Territorios que en el pasado hubieren plebiscitado afirmativamente proyecto de Estatuto de Autonomía.
c) Provincia sin entidad regional histórica directamente.
d) Supuestos especiales de Ceuta, Melilla y Gibraltar.

80. Entre las determinaciones de los Estatutos de Autonomía no es necesario incluir la:

a) Delimitación de su territorio.
b) Denominación de las instituciones autónomas propias.
c) Denominación de la Comunidad.
d) Denominación, organización y sede de sus instituciones administrativas.

81. En las Comunidades Autónomas que siguen la vía común, el Proyecto de Estatuto será elaborado por la/los:

a) Asamblea de Parlamentarios que se constituye al efecto.
b) Comisión Constitucional del Congreso de los Diputados.
c) Diputación Provincial correspondiente.
d) Miembros de la Diputación u órgano interinsular y por los Diputados y Senadores elegidos por ellas.

82. El voto de ratificación por los Plenos del Senado y del Congreso de los Diputados se dará en el/las:

a) Comunidades Autónomas que siguen la vía común.
b) Comunidades Autónomas que siguen la vía especial.
c) Acceso a la autonomía de Ceuta y Melilla.
d) Acceso a la autonomía de Gibraltar.

83. La responsabilidad política del Presidente de una Comunidad Autónoma se exige por el/la:

a) Sala de lo Penal del Tribunal Supremo.
b) Congreso de los Diputados.
c) Tribunal Superior de Justicia de la Comunidad Autónoma.
d) Asamblea Legislativa de la Comunidad Autónoma.

84. La Asamblea Legislativa de las Comunidades Autónomas se elige:

a) Con criterios de representación territorial.
b) Con criterios de representación proporcional.
c) Por sufragio individual.
d) Con criterios de representación provincial.

85. El principio de coordinación con la Hacienda estatal se consigue por:

a) El Fondo de Compensación Interterritorial.
b) Los preceptos de las sucesivas Leyes de Presupuestos Generales del Estado.
c) La creación del Consejo de Política Fiscal y Financiera de las Comunidades Autónomas.
d) Imperativo de la propia Constitución.

86. Los Estatutos de Autonomía deberán contener el/la/las:

a) Competencias que se dejan al Estado y las que asume la Comunidad.
b) Competencias que, en función de la Constitución, asume cada Comunidad Autónoma.
c) Desarrollo de la Administración Autonómica.
d) División provincial y órganos de gobierno.

87. En la reforma de los Estatutos intervienen las Cortes Generales:

a) Siempre.
b) Nunca.
c) Sólo cuando se trata de Comunidades Autónomas que accedieron por la vía común.
d) En las Comunidades Autónomas de vía especial exclusivamente.

88. Los miembros de las Diputaciones u órganos interinsulares intervienen en la elaboración de los Estatutos de Autonomía:

a) En todo caso.
b) Nunca.
c) En las Comunidades Autónomas de vía común.
d) En las Comunidades Autónomas de vía especial.

89. Los Estatutos de Autonomía en la vía común se aprueban por el:

a) Congreso de los Diputados mediante Ley Orgánica.
b) Congreso de los Diputados y Senado por Ley Orgánica.
c) Congreso de los Diputados y Senado por Ley ordinaria.
d) Parlamento Autonómico solamente.

90. La más alta representación de una Comunidad Autónoma la ostenta el:

a) Presidente del Parlamento Autonómico.
b) Presidente de la Comunidad Autónoma.
c) Rey.
d) Presidente del Gobierno de la Nación.

91. La asunción de competencias y de mayor autonomía por las Comunidades Autónomas es, como regla general:

a) Regresiva.
b) Progresiva.
c) Automática.
d) Inmediata.

92. En la elaboración por la vía común de los Estatutos de Autonomía:

a) No intervienen los Municipios afectados.
b) Intervendrán en todo caso.
c) Sólo intervienen las Diputaciones Provinciales u órganos interinsulares.
d) Sólo intervienen los Municipios y los Diputados y Senadores.

93. El principio de solidaridad consagrado por el artículo 138 de la Constitución exige una atención especial a:

a) Las Comunidades Autónomas de economía más deprimida.
b) Las Entidades locales de ámbito territorial inferior al municipal.
c) Todas las partes del territorio nacional.
d) Las Islas.

94. La federación de Comunidades Autónomas, según la Constitución:

a) Sólo se permite respecto de las limítrofes.
b) Requiere Ley Orgánica de las Cortes Generales.
c) Ha de efectuarse previa reforma de la propia Constitución.
d) Está absolutamente prohibida.

95. La creación de agrupaciones de Municipios distintos de las Provincias:

a) Está prevista constitucionalmente.
b) Se permite sólo a efectos de prestar un servicio público.
c) Sólo es posible tratándose de territorios insulares.
d) Está prohibida por la Constitución.

96. La autonomía reconocida a los Municipios, Provincias y Comunidades Autónomas lo es para:

a) Gozar de soberanía.
b) Dictar todo tipo de normas.
c) Gestionar sus intereses.
d) Todo lo anterior.

97. Como consecuencia de la doble naturaleza que tiene la Provincia, ésta, además de Ente Local, es:

a) Administración territorial.
b) División territorial para la prestación de los servicios estatales.
c) Agrupación de Municipios.
d) Parte integrante de las Comunidades Autónomas.

98. La capitalidad de las Provincias debe modificarse sólo por:

a) Ley ordinaria de las Cortes Generales.
b) Ley autonómica.
c) Ley Orgánica.
d) Real Decreto del Gobierno de la Nación.

99. El cambio de denominación de Lérida y Gerona, resultando Lleida y Girona, se ha efectuado a través de:

a) Ley Orgánica de las Cortes Generales.
b) Ley ordinaria de las Cortes Generales.
c) Ley del Parlamento de Cataluña.
d) Decreto del Consejo de Gobierno de la Generalidad de Cataluña.

100. El Pleno de una Diputación Provincial no puede delegar la siguiente competencia:

a) La aprobación de Ordenanzas.
b) El ejercicio de acciones judiciales y administrativas en materia de su competencia.
c) La autorización de la compatibilidad de un funcionario.
d) No puede delegar ninguna de las anteriores.

101. Las Provincias pueden ejercer servicios de su Comunidad Autónoma:

a) En cualquier caso.
b) Por vía de desconcentración.
c) Cuando la segunda sea uniprovincial exclusivamente.
d) Delegados o descentralizados por la segunda.

102. La alteración de los límites provinciales:

a) Sólo es posible tras reforma constitucional.
b) Depende de la voluntad exclusiva de la Comunidad Autónoma.
c) Ha de ser refrendada por las Provincias afectadas.
d) Nada de lo anterior es cierto.

103. Respecto de los tributos estatales y de las Comunidades Autónomas, las Provincias:

a) Están sujetas a los mismos como cualquier ciudadano.
b) Tienen reconocidas bonificaciones.
c) Los gestionan y recaudan.
d) Están exentas.

104. La participación en la coordinación de la Administración Local con la de la Comunidad Autónoma y la del Estado es un fin propio del/de la:

a) Subdelegado del Gobierno en la Provincia.
b) Municipio.
c) Provincia.
d) Delegado del Gobierno de la Nación en la Comunidad Autónoma.

105. Ante la discrepancia entre la organización complementaria que señale una Comunidad Autónoma respecto de las Diputaciones Provinciales de su territorio y la señalada por los Reglamentos Orgánicos de las mismas, debe primar la organización establecida por el/la:

a) Comunidad Autónoma.
b) Diputación Provincial.
c) Estado, para dirimir dicha discrepancia.
d) Conjunto de residentes en la Provincia.

106. Cuando una Comunidad Autónoma desconcentra competencias en las Diputaciones Provinciales de su territorio:

a) Es posible la interposición del recurso de alzada contra los actos de las segundas ante la Comunidad Autónoma.
b) Los actos dictados por las segundas se entienden dictados por la Comunidad Autónoma.

c) Sólo les traspasa el ejercicio de la competencia de que se trate.

d) No puede hacerlo.

107. El número de Vicepresidentes que debe existir en toda Diputación Provincial es de:

a) Dos.

b) Uno como mínimo.

c) Ninguno.

d) No está predeterminado su número exacto por la Ley 7/1985, de 2 de abril, reguladora de las Bases del Régimen Local.

108. Los Grupos Políticos integrantes de una Diputación deben participar en el siguiente órgano de la misma:

a) Junta de Gobierno.

b) Vicepresidencias.

c) Comisión Especial de Cuentas.

d) Todos ellos.

109. El Secretario de la Mesa de Edad que preside la sesión constitutiva de la Diputación es el:

a) Diputado que designe el Presidente de la misma.

b) Diputado más antiguo.

c) Funcionario que se designe por la Mesa.

d) Secretario General de la Corporación.

110. Tiene tratamiento de Excelencia el Presidente de la Diputación Provincial de:

a) Barcelona.

b) Cualquier Provincia.

c) Madrid.

d) Las respuestas a) y c) son ciertas.

111. Las mociones de censura al Presidente de una Diputación Provincial deben debatirse en:

a) Junta de Gobierno antes de plantearlas.

b) Comisión Informativa.

c) Sesión ordinaria o extraordinaria del Pleno.

d) Sesión específica y monográfica al efecto del anterior.

112. El Presidente de una Diputación Provincial puede celebrar contratos siempre que la cuantía de los mismos no exceda, como máximo, de:

a) Seis millones de euros.

b) Tres millones de euros.

c) Diez millones de euros.
d) Dos millones de euros.

113. Y puede el Presidente adquirir bienes y derechos cuyo valor no supere, como máximo, los:

a) Seis millones de euros.
b) Diez millones de euros.
c) Tres millones de euros.
d) Dos millones de euros.

114. La separación del servicio de un funcionario de una Diputación Provincial se reserva al/a la:

a) Jurisdicción competente.
b) Presidente de la misma.
c) Pleno de la Entidad.
d) Comunidad Autónoma.

115. Si un asunto que deba debatirse en Pleno no se dictamina por la correspondiente Comisión Informativa:

a) Emitirá ésta después el dictamen.
b) Será nulo el acuerdo que se adopte.
c) No puede incluirse en el orden del día.
d) Nada de lo expuesto es cierto.

116. El órgano competente para debatir una cuestión de confianza es el/la:

a) Pleno de la Diputación.
b) Presidente de la misma.
c) Junta de Gobierno.
d) Comunidad Autónoma.

117. Los Vicepresidentes de las Diputaciones Provinciales son órganos:

a) Facultativos.
b) Necesarios.
c) Sin potestades decisorias.
d) Complementarios.

118. Los miembros de la Junta de Gobierno de una Diputación Provincial se nombran por el:

a) Grupo político mayoritario.
b) Pleno de la misma.

c) Presidente de ésta.
d) Subdelegado del Gobierno en la provincia.

119. La asistencia permanente al Presidente por la Junta de Gobierno puede delegarse por ésta en el:

a) Vicepresidente.
b) Órgano descentralizado que se determine por el Pleno.
c) Propio Pleno de la Corporación.
d) En nadie.

120. Las convocatorias para la provisión de puestos de libre designación se resuelven en una Diputación Provincial por el/la:

a) Presidente de la Corporación.
b) Pleno de la Corporación.
c) Junta de Gobierno.
d) Junta de Personal.

Solución al test n.º 1

1. b) En la indisoluble unidad de la Nación española.

2. c) Tienen el deber de conocer y el derecho de usar el castellano.

3. d) De las nacionalidades y regiones que la integran.

4. d) Las respuestas b) y c) son correctas.

5. a) Aprobada por las Cortes el 31 de octubre de 1978, ratificada por el pueblo en referéndum el 6 de diciembre de 1978 y publicada el 29 de diciembre de 1978.

6. b) En el Preámbulo.

7. a) El Rey.

8. d) Ningún español de origen podrá ser privado de su nacionalidad.

9. d) La dignidad de la persona, los derechos inviolables que le son inherentes, el libre desarrollo de su personalidad, el respeto a la ley y a los derechos de los demás.

10. b) El pluralismo político.

11. c) Monarquía parlamentaria.

12. b) Parte orgánica.

13. c) Reside en el pueblo español.

14. c) Limitado por la función social de la misma.

15. b) En el Título Preliminar.

16. a) Consensuada.

17. d) Todas las respuestas son correctas.

18. c) 1977.

19. b) 6 de diciembre de 1978.

20. c) Congreso de los Diputados.

21. c) No pasa nada, salvo que, como consecuencia de esa actuación, se infrinja un artículo de la propia Constitución.

22. c) Seguridad jurídica.

23. c) Las respuestas a) y b) son correctas.

24. b) Puede aplicarse retroactivamente.

25. b) Derecho de usar y deber de conocerlo.

26. b) La villa de Madrid.

27. b) Décimo.

28. d) Primero y 4.º.

29. b) Cuarto.

30. b) Tercero del Primero.

31. a) Propia Constitución.

32. b) Valor superior del ordenamiento jurídico.

33. c) La Monarquía Parlamentaria.

34. b) Valor superior del anterior.

35. b) Cuando libremente renuncie a la misma.

36. a) Derechos inviolables inherentes a la persona.

37. b) En los actos oficiales.

38. d) Todos ellos.

39. b) Fuerzas Armadas.

40. b) Quinto.

41. c) El 29 de diciembre de 1978.

42. b) Aconfesional.

43. c) 15.

44. a) Ha quedado abolida.

45. a) Detención ilegal.

46. b) No dilatarse.

47. c) Puede efectuarse en todo momento.

48. b) Se necesitará autorización judicial para entrar, si no da su consentimiento para ello.

49. c) Sería inconstitucional.

50. b) Universal.

51. c) Secreto profesional.

52. a) Los artículos 166 a 169.

53. c) Organizaciones Profesionales y la Administración Civil.

54. c) No declarar sobre hechos presuntamente delictivos.

55. a) Es libre.

56. a) No se admite.

57. b) Progresivo y generalizado.

58. a) Entidades constituidas para fines de interés general.

59. b) Es un deber de los padres.

60. a) Debe evitarse.

61. b) Investigación científica.

62. b) Negociación colectiva.

63. d) Lo están todos ellos.

64. b) Enseñanza.

65. c) Asistencia de Letrado.

66. b) Inviolabilidad del domicilio.

67. a) El 31 de octubre de 1978.

68. b) El establecimiento, como forma política del Estado, de la monarquía hereditaria.

69. c) De 169.

70. b) La solidaridad.

71. d) En ningún caso un español de origen podrá ser privado de su nacionalidad.

72. b) En el Título III.

73. c) El mismo día de la publicación de su texto oficial en el Boletín Oficial del Estado.

74. a) De los derechos y deberes fundamentales.

75. d) En los artículos 15 a 29.

76. c) Autonomía.

77. c) Pueblo mismo.

78. d) Interinsulares.

79. a) Provincias con entidad regional histórica.

80. d) Denominación, organización y sede de sus instituciones administrativas.

81. d) Miembros de la Diputación u órgano interinsular y por los Diputados y Senadores elegidos por ellas.

82. b) Comunidades Autónomas que siguen la vía especial.

83. d) Asamblea Legislativa de la Comunidad Autónoma.

84. b) Con criterios de representación proporcional.

85. c) La creación del Consejo de Política Fiscal y Financiera de las Comunidades Autónomas.

86. b) Competencias que, en función de la Constitución, asume cada Comunidad Autónoma.

87. a) Siempre.

88. c) En las Comunidades Autónomas de vía común.

89. b) Congreso de los Diputados y Senado por Ley Orgánica.

90. b) Presidente de la Comunidad Autónoma.

91. b) Progresiva.

92. a) No intervienen los Municipios afectados.

93. d) Las Islas.

94. d) Está absolutamente prohibida.

95. a) Está prevista constitucionalmente.

96. c) Gestionar sus intereses.

97. b) División territorial para la prestación de los servicios estatales.

98. a) Ley ordinaria de las Cortes Generales.

99. b) Ley ordinaria de las Cortes Generales.

100. a) La aprobación de Ordenanzas.

101. d) Delegados o descentralizados por la segunda.

102. d) Nada de lo anterior es cierto.

103. d) Están exentas.

104. c) Provincia.

105. a) Comunidad Autónoma.

106. d) No puede hacerlo.

107. d) No está predeterminado su número exacto por la Ley 7/1985, de 2 de abril.

108. c) Comisión Especial de Cuentas.

109. d) Secretario General de la Corporación.

110. a) Barcelona.

111. d) Sesión específica y monográfica al efecto del anterior.

112. a) Seis millones de euros.

113. c) Tres millones de euros.

114. b) Presidente de la misma.

115. d) Nada de lo expuesto es cierto.

116. a) Pleno de la Diputación.

117. b) Necesarios.

118. c) Presidente de ésta.

119. d) En nadie.

120. a) Presidente de la Corporación.

TEST N.º 2

El Protocolo de Prevención de la Violencia Ocupacional en la Diputación de Burgos. El Protocolo de Prevención de Acoso en la Diputación de Burgos

1. Según el INSST, ¿qué se entiende por violencia laboral?

a) Solo las agresiones físicas sufridas en el trabajo.
b) Cualquier abuso, amenaza o ataque en el entorno laboral que afecte a la seguridad, bienestar o salud.
c) Los conflictos verbales que surgen entre compañeros en un centro de trabajo.
d) Únicamente los ataques externos con ánimo de robo.

2. ¿Cuándo aprobó el Pleno de la Diputación Provincial de Burgos el Protocolo de Prevención de la Violencia Ocupacional?

a) 2 de junio de 2017.
b) 15 de marzo de 2016.
c) 10 de octubre de 2018.
d) 20 de abril de 2019.

3. ¿Cuál de los siguientes no es un principio básico del Protocolo?

a) Presunción de inocencia.
b) Discreción y confidencialidad.
c) Seguridad y salud.
d) Preservar el buen nombre de la entidad.

4. ¿Qué tipo de violencia corresponde al Tipo II según la clasificación del INSST?

a) Violencia entre compañeros de trabajo.
b) Violencia ejercida por alguien con relación profesional con la víctima durante la prestación del servicio.
c) Violencia con ánimo de robo cometida por personas sin relación laboral.
d) Acoso sexual dentro del centro de trabajo.

5. ¿Cómo se consideran los hechos violentos que producen lesiones físicas o psíquicas que impiden al trabajador desarrollar su labor habitual?

a) Incidentes.
b) Accidentes con baja.
c) Accidentes sin baja.
d) Amenazas laborales.

6. ¿Qué órgano es el encargado de recopilar datos, evaluar y proponer medidas frente a la violencia ocupacional en la Diputación de Burgos?

a) La comisión de instrucción contra la violencia ocupacional.
b) El comité de seguridad y salud.
c) El Ministerio Fiscal.
d) El servicio de prevención de la Diputación.

7. ¿Qué debe contener obligatoriamente una denuncia por violencia ocupacional?

a) Nombre del denunciante, identificación de la víctima, hechos, testigos y pruebas.
b) Basta con la descripción de los hechos.
c) Una carta firmada por el agresor.
d) Los antecedentes médicos de la víctima.

8. Según las instrucciones para el empleado, ¿qué debe hacer en caso de situación de violencia incontrolada o agresión?

a) Permanecer en el lugar para intentar calmar a la persona violenta.
b) Esperar a que intervenga la comisión de instrucción.
c) Guardar silencio hasta que se archive la denuncia.
d) Procurarse una vía de escape y pedir ayuda externa (112 o Fuerzas de Seguridad).

9. ¿Cuál es la definición de agresión física en el Protocolo de Prevención de la violencia ocupacional de la Diputación de Burgos?

a) Acción de violencia física sufrida en el desempeño del trabajo, conlleve o no lesión.
b) Toda discusión entre compañeros de trabajo.
c) El uso de palabras hirientes o gestos intimidatorios.
d) Únicamente las lesiones que derivan en hospitalización.

10. El Tipo I de violencia ocupacional se caracteriza porque...

a) La agresión ocurre entre personas con relación laboral.
b) El agresor no tiene relación laboral ni profesional con la víctima.
c) Es un caso exclusivo de acoso sexual.
d) Se limita a amenazas por correo electrónico.

11. El Tipo III de violencia laboral corresponde a:

a) La ejercida por usuarios o clientes del servicio.
b) Aquella que implica daños únicamente en el patrimonio.
c) La cometida por personas externas con ánimo de robo.
d) La ejercida por alguien con implicación laboral con el centro o sus trabajadores.

12. ¿Cómo se denominan las agresiones menores que no producen lesión física ni repercusión psicológica?

a) Accidentes sin baja.
b) Incidentes.
c) Accidentes con baja.
d) Agresiones leves tipificadas penalmente.

13. ¿Cuál es el primer paso del procedimiento sistemático frente a las agresiones?

a) Elaborar un informe anual de agresiones.
b) Formar la comisión de instrucción.
c) Proceder a un diagnóstico de las posibles conductas antisociales.
d) Dictar medidas disciplinarias inmediatas.

14. ¿Qué aspecto no se considera en la identificación de condiciones de trabajo que favorecen la violencia?

a) Igualdad y trato justo.
b) Apoyo social y técnico.
c) Estabilidad laboral.
d) Nivel salarial de la plantilla.

15. ¿Quién puede presentar una denuncia por violencia ocupacional?

a) Solo la víctima.
b) Cualquier empleado público conocedor de la situación.
c) Únicamente los superiores jerárquicos.
d) Exclusivamente la comisión de instrucción.

16. ¿Cuál de las siguientes características debe cumplir una denuncia?

a) Ser anónima para proteger al denunciante.
b) Adjuntar obligatoriamente un certificado médico.
c) Hacerse siempre por escrito, sin posibilidad de verbal.
d) Tramitarse únicamente a través del Ministerio Fiscal.

17. ¿Cuántos miembros componen la comisión de instrucción contra la violencia ocupacional?

a) Tres representantes de la administración y tres sindicales.
b) Un representante sindical y tres de la administración.
c) Dos representantes sindicales y dos de la administración.
d) Cuatro miembros elegidos por el presidente de la Diputación.

18. ¿Con qué frecuencia mínima se reúne la comisión de instrucción?

a) Cada mes.
b) Cada seis meses.
c) Cada dos años.
d) Solo cuando exista una denuncia.

19. ¿Qué derecho tienen los trabajadores considerados víctimas de violencia externa?

a) Ser asistidos por los servicios jurídicos de la Entidad previa petición.
b) Obtener automáticamente la baja laboral.
c) Cambiar de puesto de trabajo sin informe médico.
d) Recibir un plus salarial compensatorio.

20. ¿Qué acción corresponde al responsable del servicio/centro en caso de agresión?

a) Elaborar un informe detallado de los hechos y testigos.
b) Guardar silencio para no interferir en la investigación.
c) Trasladar inmediatamente al agresor a otro centro.
d) Resolver la denuncia sin informar a la comisión.

21. ¿Cuándo aprobó el Pleno de la Diputación Provincial de Burgos el Protocolo de Prevención de Acoso?

a) 7 de noviembre de 2014.
b) 15 de marzo de 2016.
c) 2 de junio de 2017.
d) 10 de octubre de 2018.

22. ¿Qué objeto principal tiene el Protocolo de Acoso de la Diputación de Burgos?

a) Crear un registro de sanciones contra acosadores.
b) Definir el marco de actuación en casos de acoso y establecer medidas de prevención y procedimiento ágil.
c) Garantizar aumentos salariales para las víctimas de acoso.
d) Externalizar los casos de acoso hacia empresas privadas.

23. ¿A quién se aplica el Protocolo de Acoso de la Diputación?

a) A todo el personal de la Diputación y del Instituto Provincial para el Deporte y Juventud.
b) Únicamente a los cargos directivos de la Diputación.
c) Solo a los empleados con contrato indefinido.
d) A todas las empresas externas que trabajen con la Diputación.

24. ¿Cuál de los siguientes actores queda excluido del ámbito de aplicación del Protocolo?

a) El personal de nuevo ingreso.
b) Los representantes de los trabajadores.
c) Las empresas externas contratadas por la Administración.
d) Los funcionarios de carrera.

25. ¿Cuál de los siguientes no es un principio básico del procedimiento del Protocolo?

a) Presunción de inocencia.
b) Diligencia y celeridad.
c) Confidencialidad.
d) Antigüedad y rango.

26. ¿Qué distingue al acoso sexual del resto de conductas?

a) Que siempre incluye violencia física.
b) Que se basa en comportamientos de naturaleza sexual no deseados.
c) Que solo puede darse entre compañeros del mismo rango.
d) Que únicamente se considera si hay testigos.

27. ¿Qué modalidad de acoso sexual consiste en forzar a la víctima a aceptar requerimientos a cambio de no sufrir perjuicios laborales?

a) Acoso «quid pro quo».
b) Acoso ambiental.
c) Acoso horizontal.
d) Acoso discriminatorio.

28. ¿Cuál de las siguientes situaciones se considera acoso por razón de sexo?

a) Un cambio de turno no programado pero justificado.
b) Una discusión puntual con un compañero.
c) Una orden jerárquica para mejorar el rendimiento.
d) Trato desfavorable por embarazo o maternidad.

29. El acoso moral o psicológico se caracteriza por:

a) Ser un acto aislado pero muy violento.
b) Ejercerse de forma intencionada, sistemática y prolongada en el tiempo.
c) Ocurrir solo entre superiores y subordinados.
d) Exigir siempre la existencia de lesiones físicas.

30. ¿Cuál de estos no es acoso moral según el Protocolo de prevención de acoso?

a) Un acto aislado de mal humor.
b) Rumores maliciosos contra un empleado.
c) Negar reiteradamente permisos sin justificación.
d) Chantajear a un compañero.

31. En el acoso moral tipo bossing…

a) La víctima ocupa una posición de inferioridad.
b) La víctima pertenece a un grupo social distinto.
c) La víctima es un compañero del mismo nivel.
d) La víctima es un superior jerárquico.

32. En el grado tercero de acoso moral o psicológico

a) La víctima logra mantener su puesto de trabajo sin grandes problemas.
b) La familia tiende a minimizar la importancia del acoso.
c) La reincorporación es prácticamente imposible y se requieren tratamientos psicológicos.
d) La reincorporación es costosa pero posible.

33. ¿Cuál de las siguientes características deben cumplir las denuncias por acoso?

a) Pueden ser anónimas.
b) Deben ser por escrito, con datos fiables y detallados.
c) Solo se aceptan si hay testigos.
d) Se presentan únicamente de forma verbal.

34. ¿Cuál es el plazo máximo para que la Comisión de Instrucción investigue y emita informe sobre una denuncia?

a) 15 días naturales.
b) 30 días hábiles.
c) 40 días naturales.
d) 2 meses prorrogables.

35. ¿Qué opción no es causa de archivo de una denuncia de acoso?

a) Desistimiento por escrito del denunciante.
b) Insuficiencia de indicios.
c) Existencia de una conducta no calificable como acoso.
d) Que la víctima no desee declarar nunca más sobre el tema.

36. ¿Quién decide la apertura de expediente disciplinario o traslado a Fiscalía tras el informe de la Comisión?

a) El Comité de Seguridad y Salud.
b) La Presidencia de la Diputación.
c) El Servicio de Prevención.
d) Los representantes sindicales.

37. ¿Cuál de las siguientes conductas sería un ejemplo de acoso sexual ambiental?

a) Flirteos ofensivos o comentarios obscenos.
b) Cambio de turno no programado.
c) Ejercicio de autoridad jerárquica.
d) Discusión puntual en el trabajo.

38. ¿Cuál de los siguientes es un tipo de acoso psicológico o moral?

a) Quid pro quo.
b) Ambiental.
c) Indemnidad.
d) Bossing.

39. ¿Cuál es la primera fase del proceso de acoso moral descrito en el Protocolo?

a) Fase de conflicto.
b) Fase de estigmatización.
c) Fase de marginación.
d) Fase de intervención empresarial.

40. En el segundo grado de acoso moral...

a) La víctima mantiene su puesto sin mayores dificultades.
b) El trabajador requiere tratamiento psicológico inmediato.
c) El entorno familiar minimiza la importancia de lo que ocurre.
d) La reincorporación es prácticamente imposible.

Solución al test n.º 2

1. b) Cualquier abuso, amenaza o ataque en el entorno laboral que afecte a la seguridad, bienestar o salud.

2. a) 2 de junio de 2017.

3. d) Preservar el buen nombre de la entidad.

4. b) Violencia ejercida por alguien con relación profesional con la víctima durante la prestación del servicio.

5. b) Accidentes con baja.

6. a) La comisión de instrucción contra la violencia ocupacional.

7. a) Nombre del denunciante, identificación de la víctima, hechos, testigos y pruebas.

8. d) Procurarse una vía de escape y pedir ayuda externa (112 o Fuerzas de Seguridad).

9. a) Acción de violencia física sufrida en el desempeño del trabajo, conlleve o no lesión.

10. b) El agresor no tiene relación laboral ni profesional con la víctima.

11. d) La ejercida por alguien con implicación laboral con el centro o sus trabajadores.

12. b) Incidentes.

13. c) Proceder a un diagnóstico de las posibles conductas antisociales.

14. d) Nivel salarial de la plantilla.

15. b) Cualquier empleado público conocedor de la situación.

16. c) Hacerse siempre por escrito, sin posibilidad de verbal.

17. c) Dos representantes sindicales y dos de la administración.

18. b) Cada seis meses.

19. a) Ser asistidos por los servicios jurídicos de la Entidad previa petición.

20. a) Elaborar un informe detallado de los hechos y testigos.

21. a) 7 de noviembre de 2014.

22. b) Definir el marco de actuación en casos de acoso y establecer medidas de prevención y procedimiento ágil.

23. a) A todo el personal de la Diputación y del Instituto Provincial para el Deporte y Juventud.

24. c) Las empresas externas contratadas por la Administración.

25. d) Antigüedad y rango.

26. b) Que se basa en comportamientos de naturaleza sexual no deseados.

27. a) Acoso «quid pro quo».

28. d) Trato desfavorable por embarazo o maternidad.

29. b) Ejercerse de forma intencionada, sistemática y prolongada en el tiempo.

30. a) Un acto aislado de mal humor.

31. a) La víctima ocupa una posición de inferioridad.

32. c) La reincorporación es prácticamente imposible y se requieren tratamientos psicológicos.

33. b) Deben ser por escrito, con datos fiables y detallados.

34. c) 40 días naturales.

35. d) Que la víctima no desee declarar nunca más sobre el tema.

36. b) La Presidencia de la Diputación.

37. a) Flirteos ofensivos o comentarios obscenos.

38. d) Bossing.

39. a) Fase de conflicto.

40. c) El entorno familiar minimiza la importancia de lo que ocurre.

MATERIAS ESPECÍFICAS

TEST N.º 3

Organización y control del servicio de limpieza. Conceptos generales de limpieza. Equipos de trabajo. Funciones del personal de limpieza

1. Señala cuál de las siguientes no es una norma general de limpieza:

a) Los detergentes o desinfectantes utilizados, se adecuaran siempre al objeto especifico de las tareas a realizar, y se ajustaran siempre a la norma establecida en función del objeto para lo que están destinados.
b) El carro siempre estará a la vista del trabajador, dependiendo siempre de este su custodia.
c) Primero se barrerá y posteriormente se utilizará el cepillo cubierto con paño para quitar el polvo antes de fregar.
d) Se emplearan materiales diferentes según sea el local a limpiar.

2. Las bayetas serán de distinto color según su utilización. Según el código utilizado por la OMS, ¿qué color corresponde a los aseos y baños?

a) Verde.
b) Azul.
c) Negro.
d) Rojo.

3. Las bayetas serán de distinto color según su utilización. Según el código utilizado por la OMS, ¿qué color corresponde a las cocinas, comedores y áreas donde se manipulen alimentos?

a) Verde.
b) Azul.
c) Negro.
d) Rojo.

4. ¿Cuánto tiempo puede permanecer en el aire el llamado micropolvo, sometido a una ligera corriente, ya que no se deposita en ningún sitio?

a) Hasta siete horas.
b) Hasta seis horas.

c) Hasta tres horas.
d) Hasta dos horas.

5. El origen del polvo puede ser:

a) Mineral.
b) Vegetal.
c) Químico.
d) Todas las respuestas son correctas.

6. ¿Cuál de los siguientes no es un equipo de protección individual?

a) Carcasa de protección de motores o piezas en continuo movimiento.
b) Cascos y tapones para los oídos.
c) Cremas barrera.
d) Equipos anticaídas.

7. ¿Cómo podemos eliminar la suciedad grasa, que es aquella provocada por aceites, grasas, etc.?

a) Mediante sustancias químicas (detergentes alcalinos) o mecánicamente con el empleo de fregadoras y detergentes solventes.
b) Mediante un fregado con mopa y detergente ligeramente alcalino.
c) Mediante un barrido húmedo y la aspiración con filtro absoluto.
d) Mediante un fregado con mopa y detergente neutro.

8. ¿Cómo se denomina la serie de procedimientos o actuaciones dirigidas a impedir la llegada de los microorganismos patógenos a un medio aséptico (libre de microorganismos patógenos)?

a) Antisepsia.
b) Esterilización.
c) Asepsia.
d) Desinfección.

9. La capacidad de romper una suciedad compacta y reducirla a finas partículas, se denomina:

a) Dispersión.
b) Poder humectante.
c) Asepsia.
d) Suspensión.

10. ¿Qué nombre reciben los complementarios de un detergente o de un limpiador, que aportan propiedades particulares a las de los componentes fundamentales en la acción específica de la limpieza?

a) Aditivos.
b) Cargas.
c) Reforzantes.
d) Coadyuvantes.

11. ¿Cómo se denomina la superficie o lugar donde se eliminan fluidos corporales, que sirve de depósito y lugar para lavar y descontaminar elementos utilizados con los pacientes?

a) Área aséptica.
b) Área negra.
c) Área sucia.
d) Área de infección.

12. ¿Qué Real Decreto establece las disposiciones mínimas de seguridad y salud relativas a la utilización por los trabajadores de equipos de protección individual?

a) El Real Decreto 134/1990, de 1 de junio.
b) El Real Decreto 773/1997, de 30 de mayo.
c) El Real Decreto 223/1995, de 23 de abril.
d) El Real Decreto 856/1999, de 12 de mayo.

13. ¿Qué porcentaje del polvo está producido por las chimeneas de fábricas?

a) El 60 %.
b) El 50 %.
c) El 30 %.
d) El 20 %.

14. El tiempo que un EPI debe ser utilizado se determinará en función de:

a) Las condiciones del puesto de trabajo.
b) El tiempo o frecuencia de exposición al riesgo.
c) La gravedad del riesgo.
d) Todas las respuestas son correctas.

15. ¿Qué nombre reciben los agentes que causan la infección en los tejidos vivos?

a) Bacterias.
b) Patógenos.
c) Virus.
d) Gérmenes.

16. ¿Cómo se denomina la superficie o lugar donde se trabaja con elementos limpios o estériles?

a) Área verde.
b) Área limpia.
c) Área libre de infección.
d) Área azul.

17. Las infecciones se clasifican según su origen en:

a) Comunitarias o extrahospitalarias y nosocomiales o intrahospitalarias.
b) Internas y externas.
c) Urbanas y extraurbanas.
d) Sanitarias y no sanitarias.

18. Las infecciones se clasifican según su causa en:

a) Víricas y no víricas.
b) Inmunológicas y no inmunológicas.
c) Infecciosas y no infecciosas.
d) Bacterianas y no bacterianas.

19. ¿Cómo se llama la capacidad de emulsionar la suciedad para que no se vuelva a formar adhiriéndose de nuevo a la superficie a limpiar?

a) Dispersión.
b) Poder humectante.
c) Suspensión.
d) Asepsia.

20. ¿Cómo se denomina el proceso capaz de eliminar prácticamente todos los microorganismos patógenos conocidos, pero no todas las formas de vida bacterianas (endosporas), sobre objetos inanimados?

a) Desinfección.
b) Antisepsia.
c) Esterilización.
d) Detergencia.

21. ¿Cómo se llaman los componentes complementarios que mejoran ciertas propiedades características de los componentes fundamentales?

a) Coadyuvantes.
b) Reforzantes.
c) Aditivos.
d) Cargas.

22. Señala la respuesta incorrecta:

a) La desinfección de las superficies es la eliminación de los microorganismos patógenos, o su reducción hasta niveles que no conlleven riesgo para la salud.

b) Las paredes se limpiarán desde arriba hacia abajo, para eliminar por arrastre la suciedad y los microorganismos que pudiera haber.

c) La limpieza de las paredes se hará de forma horizontal, empezando por la parte más alta y luego descendiendo.

d) La limpieza de paredes y techos se realizará periódicamente y se utilizará detergente desengrasante.

23. La sustancia química de aplicación tópica sobre los tejidos vivos (piel intacta, mucosas, heridas, etc.), que destruye o inhibe los microorganismos sin afectar sensiblemente a los tejidos sobre los que se aplica, se denomina:

a) Detergente.
b) Antiséptico.
c) Esterilizador.
d) Desinfectante.

24. Los objetos inanimados que contienen partículas contaminadas y que se sitúan en el entorno del paciente, se denominan:

a) Bacterias.
b) Fómites.
c) Agentes patógenos.
d) Virus.

25. ¿Qué haremos para eliminar la suciedad no grasa, es decir, la que se adhiere tanto a las superficies horizontales como verticales y contiene poca o ninguna materia grasa?

a) Un barrido húmedo y la aspiración con filtro absoluto.
b) Un fregado con mopa y detergente neutro.
c) Un fregado con mopa y detergente neutro o ligeramente alcalino.
d) Utilizar sustancias químicas (detergentes alcalinos) o mecánicamente con el empleo de fregadoras y detergentes solventes.

26. Las bayetas serán de distinto color según su utilización. Según el código utilizado por la OMS, ¿qué color corresponde a las áreas generales?

a) Verde.
b) Azul.
c) Amarillo.
d) Rojo.

27. Señala la respuesta incorrecta:

a) El personal de limpieza realizara su trabajo con guantes de protección, que pueden ser material fungible, o se pueden limpiar dependiendo del material.

b) Colocaremos en el carro antes de empezar la tarea, todo el material que necesitemos, incluidas las bolsas de basura.

c) El agua no se utiliza sola.

d) La limpieza la realizaremos siempre de las zonas más sucias a las más limpias.

28. Los cuartos de almacenamiento se mantendrán siempre limpios y al menos se efectuará su limpieza:

a) Una vez al mes.

b) Semanalmente.

c) Cada dos o tres días.

d) Una vez por turno.

29. Señala la respuesta incorrecta respecto a la limpieza:

a) Las bolsas de basura se cerraran previamente antes de ser retiradas.

b) Las soluciones se preparan con suficiente antelación a su utilización, para que sean estables y evitar alteraciones.

c) Cuando se deba cambiar de tarea o se tenga tiempo de descanso, el carro se llevara al almacén, nunca se dejara sin custodia.

d) Después de utilizar el material se llevara a cabo el proceso necesario que lleve a cabo la desinfección del mismo.

30. ¿Qué porcentaje del polvo está producido por los automóviles?

a) El 60 %.

b) El 50 %.

c) El 30 %.

d) El 20 %.

31. Las manos deberán lavarse:

a) Antes de utilizar el W.C.

b) Antes de cambiarse de ropa y de empezar a trabajar.

c) Antes y después de comer.

d) Al finalizar la jornada.

32. Indica uno de los objetivos que debe perseguir la limpieza:

a) Respetar la estética.

b) Contribuir a la seguridad, evitando los accidentes y la transmisión de enfermedades.

c) Mantener las condiciones higiénicas en los centros de trabajo.
d) Todas las respuestas son correctas.

33. Señala cuál de las siguientes no es una de las características de las superficies ideales para su buena limpieza:

a) Han de ser porosas.
b) Deben ser lavables.
c) Han de ser resistentes.
d) Han de ser lisas.

34. Para llegar a la limpieza perfecta y de forma eficaz debemos tener en cuenta los 4 elementos que se combinan entre sí y que conforman el Círculo de:

a) Holter.
b) Mersson.
c) Sroeder.
d) Sinner.

35. ¿Cómo se denomina al conjunto de acciones emprendidas con el fin de eliminar los microorganismos patógenos presentes en un medio, o inhibir su proliferación?

a) Desinfección.
b) Antisepsia.
c) Esterilización.
d) Asepsia.

36. ¿Qué nombre reciben los productos utilizados para lograr el tipo de presentación y concentración deseadas de un detergente o un limpiador?

a) Cargas.
b) Coadyuvantes.
c) Aditivos.
d) Reforzantes.

37. Señala la respuesta incorrecta:

a) La infección es la invasión y multiplicación de microorganismos en los tejidos vivos.
b) La flora residente es la colonización normal de microorganismos que viven en la superficie corporal (piel), así como en las cavidades y órganos huecos y es fácil de eliminar.
c) La flora transitoria son los microorganismos que se adquieren durante las actividades normales de la vida cotidiana.
d) El poder humectante técnicamente es la capacidad de romper la tensión superficial del agua para que reduzca la tensión de contacto y penetre mejor.

38. Señala la respuesta incorrecta respecto a la vestimenta y aseo personal del personal de limpieza:

a) El uniforme deberá estar siempre limpio, planchado y sin roturas.

b) El aseo personal diario será condición indispensable para la continuidad en el puesto de trabajo.

c) El pelo deberá llevarse limpio, y si se tiene largo, se llevará suelto.

d) El personal de limpieza deberá ajustarse a la Normativa de uniformidad que designe la Empresa para la que trabaja.

39. ¿Qué nombre reciben los componentes complementarios de un detergente o de un limpiador que aportan propiedades adicionales a la acción específica de la limpieza?

a) Reforzantes.

b) Cargas.

c) Coadyuvantes.

d) Aditivos.

40. La transmisión de microorganismos patógenos de paciente a paciente o de objetos contaminados a pacientes con la participación de los miembros del equipo de salud, se denomina:

a) Transmisión doble.

b) Transmisión cruzada.

c) Transmisión mixta.

d) Transmisión dúplex.

41. Señala una de las ventajas del sistema de limpieza por tareas:

a) Eliminación de contactos entre el personal durante las horas de trabajo.

b) Posibilidad de controlar y confrontar en cualquier momento el rendimiento y el resultado obtenido.

c) La adquisición de máquinas, equipos y materiales se limitará al mínimo indispensable.

d) Posibilidad de señalar inmediatamente y con seguridad la causa de un resultado negativo.

42. Señala cuál de las siguientes es una mancha especial, entendiendo por tales aquellas producidas por elementos o sustancias que requieren productos también especiales para su eliminación:

a) Las manchas de pintura.

b) El cemento.

c) Las manchas negras producidas por la anilina.

d) Todas las respuestas son correctas.

43. ¿Cómo se define el proceso mediante el cual se destruyen todos los microorganismos viables presentes en un objeto o superficie incluidas las esporas bacterianas?

a) Desinfección.
b) Antisepsia.
c) Esterilización.
d) Asepsia.

44. Con carácter general, el polvo de origen químico está producido, en su mayoría por:

a) Los automóviles.
b) Los humos de calefacción doméstica.
c) Las chimeneas de fábricas.
d) Los medios de transporte.

45. ¿Cuál de los siguientes factores NO se menciona como relevante para la organización del trabajo en el servicio de limpieza?

a) La afluencia de personal.
b) La cantidad de maquinaria utilizada.
c) El índice de ocupación del lugar por máquinas y muebles.
d) Si los muebles o enseres están fijos al suelo o son móviles.

46. ¿Cuál es una de las principales ventajas del sistema de limpieza por tareas?

a) Mayor dificultad para identificar responsabilidades.
b) La adquisición de equipos y materiales se limita al mínimo indispensable.
c) La especialización del personal puede reducir el rendimiento.
d) Se requiere más tiempo para realizar las tareas.

47. ¿Qué tipo de zona en un centro público se dedica exclusivamente al personal y no es accesible para los usuarios?

a) Zona noble privada.
b) Zona noble de uso común.
c) Zona común.
d) Zona de servicio.

48. ¿Cuál de las siguientes es una ventaja del sistema de limpieza por zonas?

a) No es necesario proporcionar material y productos a cada operario.
b) Facilita la especialización del personal en una tarea específica.
c) Los operarios tienen que compartir material durante el trabajo.
d) Permite controlar el rendimiento y el resultado de cada operario de manera individual.

49. ¿Cuál de las siguientes afirmaciones es correcta con respecto a la limpieza en centros de trabajo?

a) Las bayetas de limpieza deben ser de un único color para evitar confusiones.
b) El agua se debe usar sola para limpiar, sin añadir detergente ni desinfectante.
c) El material de limpieza debe ser adecuado según el tipo de local que se limpie.
d) Los cuartos de almacenamiento no necesitan limpieza frecuente.

50. ¿Qué tipo de polvo puede permanecer en suspensión en el aire durante un largo tiempo?

a) El polvo grueso.
b) El micropolvo.
c) El polvo mineral.
d) El polvo de origen vegetal.

51. ¿Cuál de las siguientes afirmaciones sobre la suciedad es correcta?

a) La suciedad grasa se elimina solo con detergentes neutros.
b) La suciedad no grasa se elimina mediante productos químicos fuertes.
c) Las manchas especiales, como las de anilina, requieren productos específicos para su eliminación.
d) La suciedad no grasa no puede ser eliminada de ninguna manera.

52. ¿Cuál es el objetivo principal de la limpieza?

a) Mantener las condiciones higiénicas en los centros de trabajo y respetar la estética.
b) Eliminar todas las manchas de una superficie.
c) Asegurar la apariencia estética de los edificios sin importar los riesgos para la salud.
d) Eliminar solo la suciedad visible de una superficie.

53. ¿Qué factor se considera en el "Círculo de Sinner" para lograr una limpieza eficaz?

a) La acción física y la temperatura son los factores más importantes.
b) El tiempo y la acción química son irrelevantes para una limpieza eficaz.
c) La acción química debe ser tres veces más fuerte que la acción mecánica.
d) La acción mecánica debe ser siempre mayor que la acción química.

54. ¿Cuál de las siguientes características deben tener las superficies para facilitar una limpieza eficaz?

a) Superficies rugosas y porosas que favorecen la acumulación de suciedad.
b) Superficies resistentes y lavables, pero no necesariamente lisas.

c) Superficies lisas, no porosas y resistentes a los productos de limpieza.

d) Superficies de materiales naturales que no requieren detergentes.

55. ¿Cuándo debe realizarse el lavado de manos según las pautas de la OMS?

a) Solo antes de comer.

b) Después de cambiarse de ropa, antes de comenzar a trabajar y siempre que se considere necesario.

c) Solamente después de manipular material sucio.

d) Solo al finalizar la jornada laboral.

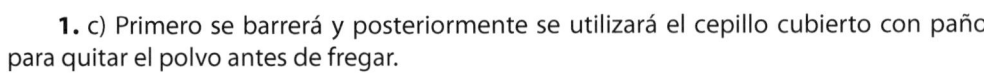

Solución al test n.º 3

1. c) Primero se barrerá y posteriormente se utilizará el cepillo cubierto con paño para quitar el polvo antes de fregar.

2. d) Rojo.

3. a) Verde.

4. a) Hasta siete horas.

5. d) Todas las respuestas son correctas.

6. a) Carcasa de protección de motores o piezas en continuo movimiento.

7. a) Mediante sustancias químicas (detergentes alcalinos) o mecánicamente con el empleo de fregadoras y detergentes solventes.

8. c) Asepsia.

9. a) Dispersión.

10. d) Coadyuvantes.

11. c) Área sucia.

12. b) El Real Decreto 773/1997, de 30 de mayo.

13. d) El 20 %.

14. d) Todas las respuestas son correctas.

15. b) Patógenos.

16. b) Área limpia.

17. a) Comunitarias o extrahospitalarias y nosocomiales o intrahospitalarias.

18. d) Bacterianas y no bacterianas.

19. c) Suspensión.

20. a) Desinfección.

21. b) Reforzantes.

22. d) La limpieza de paredes y techos se realizará periódicamente y se utilizará detergente desengrasante.

23. b) Antiséptico.

24. b) Fómites.

25. c) Un fregado con mopa y detergente neutro o ligeramente alcalino.

26. b) Azul.

27. d) La limpieza la realizaremos siempre de las zonas más sucias a las más limpias.

28. d) Una vez por turno.

29. b) Las soluciones se preparan con suficiente antelación a su utilización, para que sean estables y evitar alteraciones.

30. d) El 20 %.

31. d) Al finalizar la jornada.

32. d) Todas las respuestas son correctas.

33. a) Han de ser porosas.

34. d) Sinner.

35. b) Antisepsia.

36. a) Cargas.

37. b) La flora residente es la colonización normal de microorganismos que viven en la superficie corporal (piel), así como en las cavidades y órganos huecos y es fácil de eliminar.

38. c) El pelo deberá llevarse limpio, y si se tiene largo, se llevará suelto.

39. d) Aditivos.

40. b) Transmisión cruzada.

41. c) La adquisición de máquinas, equipos y materiales se limitará al mínimo indispensable.

42. d) Todas las respuestas son correctas.

43. c) Esterilización.

44. b) Los humos de calefacción doméstica.

45. b) La cantidad de maquinaria utilizada.

46. b) La adquisición de equipos y materiales se limita al mínimo indispensable.

47. d) Zona de servicio.

48. d) Permite controlar el rendimiento y el resultado de cada operario de manera individual.

49. c) El material de limpieza debe ser adecuado según el tipo de local que se limpie.

50. b) El micropolvo.

51. c) Las manchas especiales, como las de anilina, requieren productos específicos para su eliminación.

52. c) Zona común.

53. a) Mantener las condiciones higiénicas en los centros de trabajo y respetar la estética.

54. c) La acción química debe ser tres veces más fuerte que la acción mecánica.

55. b) Después de cambiarse de ropa, antes de comenzar a trabajar y siempre que se considere necesario.

TEST N.º 4

Los distintos utensilios y productos de limpieza: tipología, aplicación, composición y propiedades. Formas de empleo y condiciones de uso

1. Es una característica de la fliselina:

a) Alta flamabilidad.
b) Poca resistencia a la abrasión.
c) Genera pelusas e hilachas libres en condiciones normales de uso.
d) Resistente al calor.

2. En el barrido manual, una vez amontonados los residuos, se retiran y depositan en los contenedores del carrito con:

a) El escobillo y el recogedor.
b) La espátula y la pala.
c) Las tablillas y la sopladora.
d) La escoba y las pinzas.

3. Las tablillas son un utensilio utilizado en algunos lugares, para el barrido manual, para:

a) Desincrustar chicles de las aceras.
b) Arrastrar, amontonar y recoger residuos en pequeños espacios.
c) Cepillar amplias áreas de acerado.
d) Trasladar residuos de la bolsa del carrito al contenedor.

4. Un cepillo pequeño que se utiliza para empujar hacia la pala o el recogedor los residuos amontonados previamente, es:

a) El cepillo de púas.
b) El rastrillo.
c) La tablilla.
d) El escobijo o escobillo.

5. Una de las siguientes no es una característica del carrito que lleva el operario/a de limpieza del barrido manual, ¿cuál?

a) Ser maniobrable, ligero y cómodo.
b) Contar con un espacio destinado a los útiles de limpieza y otro para uno o dos cubos de plástico.
c) Tienen, por lo habitual, dos ruedas.
d) Los actuales tienen un gran tamaño para evitar desplazamientos a los puntos de vertido.

6. Para retirar la hierba o maleza existente en el acerado, el operario/a de limpieza del barrido manual utiliza:

a) Escoba y rascador.
b) Azada y rastrillo.
c) Espátula y pala.
d) Escobijo y palustre curvo.

7. El instrumento dotado de cuchillas y un mango largo, utilizado por el operario/a de limpieza del barrido manual para desincrustar sustancias pegadas al pavimento, es:

a) El rascador.
b) El cepillo de púas.
c) El rastrillo.
d) El escobijo.

8. La herramienta utilizada como alternativa a la escoba, para el arrastre de residuos en el pavimento, con mayor capacidad aún de arrastre es:

a) La pala.
b) El escobillo.
c) El cepillo.
d) Las tablillas.

9. Las mangueras más recomendables en el servicio de baldeo manual han de tener una longitud de unos:

a) 10 metros.
b) 25 metros.
c) 50 metros.
d) 100 metros.

10. El aparato eléctrico que frota un disco en el suelo para succionar la suciedad de la superficie, se denomina:

a) Pulidora.
b) Monocepillo.
c) Aspirador mixto.
d) Vaporosa.

11. ¿Para qué uso está diseñada la fregadora automática?

a) Espacios reducidos.
b) Exteriores.
c) Pasillos.
d) Habitaciones.

12. ¿Cómo serán los dos cubos del carro para sistema de doble cubo?

a) Del mismo color.
b) De entre 3-5 litros.
c) De distinto color.
d) De distinta forma.

13. El material de limpieza se limpiará con:

a) Agua más detergente ácido más bayeta y estropajo si fuera preciso.
b) Agua más detergente alcalino más paño y estropajo si fuera preciso.
c) Agua más detergente neutro más bayeta y estropajo si fuera preciso.
d) Agua más detergente básico más estropajo y desinfectante si fuera preciso.

14. Los cubos de basura se limpiarán:

a) Antes y después de la jornada laboral.
b) Tres veces al día.
c) Cada día.
d) Cada semana, o cuando sea necesario.

15. El carro de transporte del cubo de basura debe limpiarse cada:

a) Trimestre.
b) Mes.
c) Semana.
d) Día.

16. ¿Qué afirmación es incorrecta en relación con la conservación del material de limpieza?

a) Una vez realizada la limpieza del mobiliario se limpiará el material utilizado en limpieza de mobiliario.

b) Una vez limpio el material de limpieza, que antes se empleó en la limpieza del mobiliario, se dejará en situación de secado.

c) Para aprovechar los útiles de limpieza y alargar su vida, se empleará el material estropeado y sucio para realizar la limpieza diaria.

d) Tras finalizar el trabajo de limpieza se cerrarán puertas y ventanas.

17. ¿Cuándo se someterán todos los utensilios utilizados a una correcta limpieza, de forma tal que nos permita disponer de los mismos en perfecto estado al comienzo de la jornada siguiente?

a) En el mismo inicio de la jornada siguiente.

b) En el inicio de la jornada anterior.

c) Finalizada la jornada de trabajo.

d) No existe un protocolo claro de cuándo efectuarlo.

18. ¿Quién designa corrientemente la normativa de uniformidad del trabajador de limpieza?

a) Deberá ajustarse a la que designe el Comité de empresa.

b) Deberá ajustarse a la que designe el sindicato mayoritario elegido por los trabajadores de la empresa.

c) Deberá ajustarse a la que designe la empresa para la que trabaja.

d) Deberá ajustarse a la que designe la Administración Local (Ayuntamiento).

19. ¿Cómo deberá estar siempre el uniforme del trabajador de limpieza?

a) Limpio, con arrugas en ocasiones (durante la jornada) y sin roturas.

b) Limpio y planchado.

c) Limpio y sin roturas.

d) Limpio, planchado y sin roturas.

20. Todo lo que se dice de la vestimenta y aseo personal de los trabajadores de limpieza es cierto, excepto:

a) El aspecto del personal de limpieza será garantía de prestigio para la empresa para quien se trabaja.

b) El pelo deberá llevarse limpio.

c) El pelo del trabajador, cuando lo tiene excesivamente largo, no es necesario que se recoja, debido al respeto a la intimidad del mismo.

d) El uniforme del trabajador de limpieza deberá estar siempre planchado, limpio y sin roturas.

21. El calzado empleado en limpieza deberá ser:

a) El calzado será el mismo para todas las tareas.
b) No importa el tipo de calzado que lleve el trabajador de limpieza.
c) El calzado empleado en el fregado o/y riego o baldeo de suelos debe ser el mismo que el del barrido en seco.
d) El calzado deberá ser el apropiado para la tarea que se tenga que realizar.

22. El aseo personal del trabajador debe ser:

a) Diario.
b) Cada dos días.
c) Cada tres días.
d) Hasta cada semana, si sigue limpio.

23. ¿Hasta qué punto puede ser importante el aseo personal del trabajador de la empresa de limpieza para el propio operario?

a) Necesario para realizar su tarea diaria.
b) Necesario por estética de la empresa.
c) Será condición indispensable para la continuidad en el puesto de trabajo.
d) Necesario para poder cobrar semanalmente.

24. ¿Qué zona del cuerpo de trabajador requiere una especial atención en su aseo, mediante lavado, ya que puede ser un vehículo de contaminación de microorganismos?

a) Pies.
b) Manos.
c) Cara.
d) Tronco.

25. ¿Cuándo no deben lavarse las manos?

a) Después de manipular material sucio (basuras).
b) Después de cambiarse de ropa y antes de empezar a trabajar.
c) Comiendo, ya que se han lavado antes de comer.
d) Después de utilizar el WC.

26. Las manos deben lavarse en la jornada laboral:

a) Antes de empezar a trabajar.
b) Al finalizar la jornada.
c) Siempre que lo creamos necesario.
d) En todas las ocasiones anteriores.

27. Además de lavarnos las manos, para protegernos en el trabajo de limpieza de las contaminaciones involuntarias emplearemos:

a) Cuidados en no tocar lo que no debemos.
b) Especie de ungüentos que impiden que nos contaminemos.
c) Guantes.
d) Todo lo anterior es cierto.

28. Los paños son clasificados por colores en función de donde vayan a ser utilizados. ¿De qué color ha de ser el paño que se utilice únicamente para limpiar los sanitarios que no sea retrete?

a) Azul.
b) Rojo.
c) Amarillo.
d) Verde.

29. ¿Cómo se denomina el cepillo pequeño que se utiliza para empujar hacia la pala o el recogedor los residuos amontonados previamente?

a) Escoba.
b) Escobillo o escobijo.
c) Mopa.
d) Cepillo.

30. ¿Cuál de las siguientes palas utilizaría para la limpieza de los sumideros?

a) La pala cuadrada pequeña.
b) La pala cuadrada de recogida o de carbonero.
c) La pala rectangular con los rebordes laterales altos.
d) La pala redonda de arenero.

31. ¿De qué materiales puede ser el capazo?

a) De goma.
b) De esparto.
c) De plástico.
d) Todas las respuestas son correctas.

32. ¿Cuál de los siguientes instrumentos utilizaría para desincrustar sustancias pegadas al pavimento, como los chicles, caramelos, cera o resina?

a) El rascador.
b) Una pala.
c) El rastrillo.
d) La azada.

33. Señala cuál de las siguientes no es una de las características que han de tener las mangueras utilizadas en el baldeo manual:

a) Alta resistencia al corte.
b) Gran diámetro, para un abundante riego.
c) Acoplamiento rápido y estandarizado a la red pública de riego.
d) Flexibles y manejables.

34. ¿Con qué nombre se conoce también a las pinzas recoge objetos?

a) Stikers.
b) Snacks.
c) Flexers.
d) Altunas.

35. El carro de limpieza para el sistema de doble cubo o rasante dispondrá de una bandeja para material de cuartos de baño y otra para material de limpieza de mobiliario, con una profundidad mínima de:

a) 10 centímetros.
b) 15 centímetros.
c) 20 centímetros.
d) 30 centímetros.

36. El carro de limpieza para el sistema de doble cubo o rasante dispondrá de dos cubos pequeños para la limpieza de superficies diferentes al suelo, y para limpiar los paños después de cada habitación, de color:

a) Azul y rojo.
b) Blanco y negro.
c) Azul y verde.
d) Amarillo y rojo.

37. Según su utilización, las bayetas deben tener diferente color, ¿de qué color será la bayeta que se utilice en los espejos o muebles?

a) Azul.
b) Verde.
c) Amarilla.
d) Roja.

38. ¿Cuál de las siguientes opciones describe correctamente la función de las bayetas de celulosa?

a) Solo se pueden utilizar en superficies rugosas.
b) Son de un solo uso y están impregnadas con detergente.
c) Tienen una gran capacidad de absorción cuando se humedecen.
d) Se deben utilizar exclusivamente para limpiar cristales.

39. ¿Cuál de los siguientes elementos es responsable regular la presión de salida del agua y hacerla recircular cuando no se acciona la pistola?

a) El serpentín.
b) El regulador de presión.
c) La bomba de presión.
d) La lanza.

40. ¿Qué tipo de hidrolimpiadora es especialmente indicada para lugares con grasa o aceites, ya que dispone de un quemador de gasoil que calienta el agua?

a) hidrolimpiadoras de bricolaje.
b) hidrolimpiadoras profesionales.
c) hidrolimpiadoras autónomas.
d) hidrolimpiadoras de agua caliente.

41. ¿Cuál de las siguientes afirmaciones acerca de la conservación del material de limpieza es correcta?

a) El material de limpieza debe limpiarse con agua, sin detergente.
b) El material utilizado en la limpieza de mobiliario no necesita ser limpiado.
c) El material de limpieza debe limpiarse tras finalizar la jornada de trabajo.
d) No es necesario cerrar puertas y ventanas una vez finalizada la jornada de trabajo.

42. ¿Cuál es el principal material de las mopas de microfibra?

a) Algodón.
b) Poliéster.
c) Microfibras, que mejoran la adherencia de la suciedad.
d) Celulosa.

43. ¿Cuál de las siguientes afirmaciones es correcta respecto al uso de los carros de limpieza?

a) Los carros de limpieza deben ser utilizados exclusivamente para áreas interiores.
b) Los carros de limpieza deben contar con un sistema de almacenamiento para los productos químicos y utensilios de forma ordenada y accesible.
c) Los carros de limpieza deben ser llenados completamente con agua antes de comenzar a trabajar.
d) Los carros de limpieza son innecesarios si se usan mopas y escobas manualmente.

44. ¿Qué característica debe tener una manguera utilizada en el baldeo manual de exteriores?

a) Ser ligera, flexible y con alta resistencia a la abrasión.
b) Ser muy pesada para soportar el roce con el pavimento.
c) Tener un diámetro muy grande para maximizar el flujo de agua.
d) Tener un material inflexible para evitar daños.

45. ¿Cuál de las siguientes protecciones es obligatoria para la maquinaria de limpieza según la normativa vigente en materia de Salud Laboral?

a) Protección eléctrica Clase I.
b) Protección contra humedad y polvo Clase IP 40.
c) Protección eléctrica Clase III.
d) Protección contra humedad y polvo Clase IP 20.

46. ¿Cuál es la función principal de una fregadora-abrillantadora?

a) Limpiar y aspirar el polvo de superficies rugosas.
b) Fregar y abrillantar suelos de interior.
c) Eliminar suciedad pesada de superficies exteriores.
d) Secar los suelos de grandes superficies.

47. ¿Qué característica es importante en la maquinaria de limpieza de tipo industrial, como las aspiradoras de agua y polvo?

a) Tener un tamaño compacto y ligero.
b) Ser de uso exclusivo para interiores.
c) Tener un motor eléctrico que no sobrecaliente.
d) Ser aptas para todo tipo de superficies.

48. ¿Cuál es una de las principales diferencias entre las fregadoras automáticas de «conductor a tierra» y las de «conductor sentado»?

a) Las primeras son más grandes y pesadas que las segundas.
b) Las segundas tienen un rendimiento más bajo.
c) Las segundas son conducidas por un operador sentado, mientras que las primeras son seguidas a pie.
d) Las primeras solo funcionan con baterías.

49. ¿Cuál es el propósito principal de las aspiradoras de polvo con filtro HEPA en la maquinaria de limpieza?

a) Mejorar la maniobrabilidad de la máquina.
b) Reducir la emisión de partículas al ambiente.
c) Aumentar la capacidad de aspiración de agua.
d) Limpiar suelos exteriores con mayor eficiencia.

50. El vehículo auxiliar más utilizado en el barrido manual es:

a) El triciclo.
b) La bicicleta.
c) El motocarro.
d) La motocicleta

51. El vehículo que se utiliza para desplazar al sector de limpieza equipos de trabajo de más de dos operarios es:

a) El camión de brigada.
b) El vehículo auxiliar.
c) La barredora.
d) El motocarro.

52. Las máquinas autopropulsadas utilizadas para el barrido mecánico son:

a) Los vehículos auxiliares.
b) Las autobaldeadoras.
c) Los camiones de brigada.
d) Las barredoras o autobarredoras.

53. ¿Cuál de las siguientes características no es propia de una barredora mecánica?

a) Dos cepillos o grupos de cepillos redondos rotatorios con velocidad regulada por el propio conductor.
b) Cuentan con un dispositivo de humectación para evitar la formación de polvo por la acción de los cepillos sobre el pavimento.
c) Suelen disponer de dos depósitos; uno para el agua del sistema de humectación y otro para almacenamiento de los residuos.
d) Cuentan con cabina ampliada para trasladar a un buen número de operarios.

54. El dispositivo acoplado en la parte superior de la autobarredora, sujeto por una pértiga giratoria, que permite a un operario auxiliar el succionado de residuos acumulados en puntos concretos o que hayan sido previamente amontonados por el servicio de limpieza de forma manual, se llama:

a) Manguera de baja presión.
b) Aspiradora mecánica.
c) Mangote de aspiración.
d) Cepillo articulado.

55. Algunas barredoras incorporan un tercer cepillo que les permite ampliar la anchura de trabajo de la franja de calzada y acera o barrer a la vez calzada y acera; se trata de:

a) Un cepillo de eje vertical colocado en el extremo de un brazo articulado accionado hidráulicamente.
b) Un cepillo lateral situado a la altura de una de las ruedas delanteras.
c) Un cepillo central situado delante de la rueda trasera.
d) Un mangote de aspiración sujeto por una pértiga giratoria.

56. Las máquinas que poseen unos cepillos para arrancar, arrastrar y recolectar los residuos del pavimento para, inmediatamente después, depositarlos en tolvas o cintas transportadoras que los recogen y almacenan, se llaman:

a) Autobaldeadoras de calzadas.
b) Barredoras de arrastre.
c) Barredoras de aspiración.
d) Fregadoras.

57. Las barredoras de arrastre cuentan con dos tipos de cepillos:

a) Cepillos giratorios y cepillo fijo.
b) Cepillos circulares y cepillo longitudinal.
c) Cepillos laterales y cepillo central.
d) Cepillos de calzada y cepillos de acera.

58. ¿Cuál de las siguientes opciones referida a las barredoras de arrastre es falsa?

a) A menudo van montadas sobre chasis autoportante.
b) Apenas alcanzan los 50 km/h.
c) Suelen tener tres ruedas (una delantera y dos traseras).
d) Las tolvas se elevan hasta una altura que les permite descargar sobre contenedores o sobre cajas de camión.

59. Señalar la opción incorrecta respecto a las barredoras de aspiración:

a) Se utilizan fundamentalmente en zonas de menor grado de ensuciamiento en las que se desea lograr un acabado más perfecto.
b) Los cepillos tienen como misión concentrar los residuos bajo la tolva, donde son aspirados y almacenados en un depósito.
c) El operario que dirige la máquina va adaptando a cada momento el ancho de barrido y el ángulo de incidencia de los cepillos sobre el pavimento.
d) Una de las principales ventajas es el tamaño de los residuos, ya que se puede aplicar sobre residuos de todos los tamaños.

60. Para barrer puntos del pavimento de difícil acceso, como las zonas bajo los bancos o rincones de pequeñas dimensiones, las barredoras de aspiración cuentan con:

a) Mangote succionador.
b) Tercer cepillo acoplado a un brazo articulado.
c) Bomba de presión.
d) Manguera a presión.

61. ¿Cuál es el principal inconveniente de las barredoras de aspiración de gran capacidad montadas sobre camión?

a) Tener que descargar por volquete.
b) La baja velocidad de transporte.
c) El barrido de puntos de difícil acceso.
d) El pequeño ancho de barrido.

62. Para la limpieza de los alcorques de los árboles, lo más adecuado es:

a) Una barredora de aspiración con mangote.
b) Una baldeadora de alta presión.
c) Una barredora de arrastre.
d) Una baldeadora lavaaceras.

63. Las minibarredoras son pequeñas barredoras muy adecuadas para:

a) El barrido de repaso en áreas peatonales con elevada intensidad de tráfico.
b) El lavado de calzadas estrechas.
c) Limpieza de bordillos en calles con coches estacionados a ambos lados.
d) Zonas alejadas de la periferia, como son las áreas industriales.

64. Entre las principales características de una minibarredora, no figura que:

a) Funcionan con motor.
b) Están montadas sobre chasis autoportante.
c) Cuentan para los residuos con un depósito con capacidad inferior a 300 litros.
d) Su sistema de carga es por arrastre.

65. ¿Cuál de estas características no corresponde a una barredora manual?

a) Carecen de cepillos.
b) Se mueven por la fuerza o empuje del operario que las conduce.
c) Cuentan con un depósito con una capacidad inferior a 300 litros para los residuos.
d) Su sistema de carga es por aspiración.

66. Por lo general, el ancho de barrido de una minibarredora es de unos:

a) 40 cm.
b) 75 cm.
c) 110 cm.
d) 150 cm.

67. Las aspiradoras son máquinas indicadas para el repaso de la limpieza en lugares concretos de las áreas peatonales en que se acumula la suciedad o como máquina auxiliar de una barredora de aceras para acceder a rincones a los que no llegan los cepillos de la barredora. Una de sus principales características es:

a) Su gran tamaño.
b) Sólo tienen un cepillo.
c) En aceras y calzadas de poco tránsito sustituyen a barredoras y baldeadoras.
d) Capacidad de carga de residuos reducida a una bolsa de plástico de 120 litros.

68. El vehículo auxiliar para el baldeo manual, cuenta con una manguera y un grupo compuesto por un motor auxiliar y una bomba, que permite incrementar la presión del agua procedente de la red hasta alcanzar una presión próxima a:

a) 15 atmósferas.
b) 50 atmósferas.
c) 100 atmósferas.
d) 300 atmósferas.

69. Las siguientes características: cabina ampliada para poder transportar a varios operarios; depósito de agua con capacidad entre 5 y 16 metros cúbicos; grupo motor auxiliar-bomba ubicado entre la cabina y el depósito; cuentan con varias tomas de agua para efectuar el llenado del depósito con carga lateral o con carga en altura; en la parte posterior cuentan con un carrete accionado por una manivela capaz de contener 80 metros de manguera; corresponden a:

a) Una autobaldeadora.
b) Un camión de brigada.
c) Una barredora.
d) Una aspiradora.

70. La baldeadora de calzada se denomina también:

a) Autobastidor cisterna.
b) Autobaldeadora de alta presión.
c) Autofregadora.
d) Hidrolimpiadora de baja presión.

71. Las baldeadoras de calzada proyectan agua sobre el pavimento a una presión alrededor de:

a) 15 atm.
b) 30 atm.
c) 60 atm.
d) 110 atm.

72. El depósito de la baldeadora de alta presión, ubicado en el propio chasis del vehículo, tiene, por regla general, una capacidad de:

a) 300 litros.
b) 800 litros.
c) 4.000 litros.
d) Este tipo de baldeadora carece de depósito.

73. ¿Cuál de las siguientes características no es propia de una baldeadora lava-aceras?

a) Es una autobaldeadora de alta presión.
b) Solo requiere una fuerza de impacto de 5 kilopondios.
c) Suelen montarse sobre bastidores autoportantes de 3 o 4 ruedas.
d) Están formadas por una cisterna, una bomba de impulsión y un circuito con diferentes tipos de salidas y un sistema de mando.

74. ¿Cuál de las siguientes características no es propia de la autofregadora?

a) Dispone de un sistema de secado mediante aspiración.
b) Carece de cepillos.
c) Normalmente, disponen de dos depósitos, uno para el agua limpia y otro para el agua sucia que se va recogiendo.
d) El suministro de agua se realiza a través de las bocas de riego.

75. El caudal de agua en una máquina de baldeo, se puede medir en:

a) Kilos por centímetro cuadrado.
b) Atmósferas.
c) Bares.
d) Litros por hora.

76. Para el fregado de superficies inaccesibles a la autofregadora común, se utiliza:

a) La sopladora.
b) La minibarredora.
c) La aspiradora.
d) El hidrolimpiador.

77. El tubo enrollado en doble capa, donde se produce la combustión que genera el calor que calienta el agua de una hidrolimpiadora, se llama:

a) Mangote.
b) Lanza.
c) Serpentín.
d) Regulador.

78. ¿Qué tipo de hidrolimpiadora se recomienda para un uso de tres o cuatro horas diarias?

a) Hidrolimpiadora de bricolaje.
b) Hidrolimpiadora semiprofesional.
c) Hidrolimpiadora profesional.
d) Hidrolimpiadora eléctrica.

79. La limpieza de sumideros y mantenimiento del alcantarillado se hace a través de:

a) Una hidrolimpiadora.
b) Una sopladora.
c) Un camión succionador.
d) Una autobaldeadora de alta presión.

80. ¿Cuál es el desinfectante de alto nivel para equipo médico como endoscopios, tubos de espirómetro, dializadores, transductores, equipos de terapia respiratoria y de anestesia?

a) La lejía.
b) El formaldehído.
c) El glioxal.
d) El glutaraldehído.

81. ¿Qué tipo de detergentes compatibles con la lejía, tienen gran poder emulsionante y una capacidad antiséptica baja ya que no produce selección de gérmenes?

a) Los detergentes no iónicos.
b) Los detergentes anfóteros.
c) Los detergentes aniónicos.
d) Los detergentes catiónicos.

82. ¿Qué tipo de detergentes actúan como catiónicos o aniónicos dependiendo del medio en el que se encuentren, son compatibles con el resto de tensioactivos, con la piel y mucosas y tienen baja sensibilidad a las aguas duras?

a) Los detergentes no iónicos.
b) Los detergentes anfóteros.
c) Los detergentes aniónicos.
d) Los detergentes catiónicos.

83. Señala la respuesta incorrecta respecto a los detergentes alcalinos o básicos:

a) Son productos de gran eficacia, pero de elevado poder corrosivo.
b) Son productos de gran eficacia en los procesos de limpieza de la suciedad en general.
c) Son los más indicados para manchas proteicas y también para manchas de grasa.
d) Son aquellos cuyo pH supera el valor de 9.

84. Los detergentes neutros son aquellos cuyo nivel de pH:

a) Es de 5.
b) Es inferior a 5.
c) Supera el valor de 9.
d) Está comprendido entre 6 y 8.

85. Señala una de las características del desinfectante ideal:

a) Estable, tanto en la forma concentrada como en la diluida del producto.
b) Solubilidad en agua.
c) Amplio espectro (bactericida, virucida, fungicida y esporicida).
d) Todas las respuestas son correctas.

86. ¿Cómo se denomina el compuesto que reduce pero no necesariamente elimina los microorganismos desde el medioambiente inanimado y suele ser utilizado generalmente en contacto con los alimentos?

a) Desinfectante de hospital.
b) Detergente desinfectante.
c) Sanitizante.
d) Desinfectante general o de amplio espectro.

87. Señala la respuesta incorrecta respecto a la lejía:

a) Su contenido en cloro activo no será inferior a 35 g/l, ni superior a 100 g/l.
b) Es estable aunque tiene poco efecto remanente y se inactiva muy fácilmente en presencia de materia orgánica.
c) Es el derivado clorado más utilizado, pues tiene un amplio espectro antibacteriano.
d) Es de acción rápida y a la vez económica.

88. ¿Cuál es la dilución de uso de la lejía para zonas de alto riesgo?

a) 1:50 (9,8 litros de agua y 200 ml de lejía).
b) 1:10 (9 litros de agua y 1 de lejía).
c) 2:10 (8 litros de agua y 2 de lejía).
d) 5:10 (5 litros de agua y 5 de lejía).

89. Señala la respuesta incorrecta respecto a los fenoles:

a) Se utilizan en la desinfección de objetos inanimados, superficies y ambiente a la concentración del 1 al 5 %.

b) Son poco solubles en agua, pero unidos a jabones y lejías se obtienen emulsiones densas y estables.

c) De acción rápida en 10 o 15 minutos.

d) Son activos frente a hongos y bacterias Gram (+) y menos frente a las Gram (-).

90. ¿Cuál es la concentración óptima del alcohol?

a) 90 %.

b) 75 %.

c) 70 %.

d) 50 %.

91. Señala la respuesta correcta respecto al alcohol:

a) El alcohol etílico es un buen desinfectante de superficies, de acción lenta y alta potencia.

b) Su actividad depende de la concentración, situándose su máxima actividad entre 40 y 60º.

c) Los alcoholes se inactivan en presencia de materia orgánica.

d) Tiene un tiempo de acción mínimo de 5 minutos.

92. Respecto a los desinfectantes basados en oxígeno activo debemos saber que:

a) Puede utilizarse sobre acero inoxidable de baja calidad ya que no es oxidante.

b) Es recomendable para la limpieza y desinfección de todo tipo de superficies.

c) No se recomienda para incubadoras, utillaje y aparatos.

d) Solo actúan en superficies limpias.

93. Señala la respuesta incorrecta:

a) Los limpiametales se aplican sobre aquellos metales que no puedan limpiarse con solución de detergente neutro.

b) Los limpiacristales se pulverizan, se dejan secar y posteriormente se retiran con bayeta seca.

c) Los limpiamuebles pueden ser sustituidos por una bayeta humedecida en solución de detergente neutro.

d) Los limpiamuebles se deben aplicar en la bayeta inmediatamente antes de su uso y, a ser posible, sobre mobiliario no lavable.

94. ¿Qué tipo de detergentes no se disocian en el agua, por lo que carecen de carga y apenas alteran la función barrera cutánea, se emplean para regular la presencia de espuma en los tensioactivos aniónicos y son solubles en agua, funcionando bien en aguas duras?

a) Los detergentes no iónicos.
b) Los detergentes anfóteros.
c) Los detergentes catiónicos.
d) Los detergentes aniónicos.

95. ¿Cómo se denominan los detergentes cuyo nivel de pH es de 5 o inferior, son de gran eficacia, pero de elevado poder corrosivo?

a) Detergentes neutros.
b) Detergentes básicos.
c) Detergentes ácidos.
d) Detergentes alcalinos.

96. ¿Cuál de los siguientes detergentes está destinado a superficies delicadas o en tratamientos de limpieza de gran frecuencia o escasa suciedad, algo determinado por su poca agresividad?

a) Los detergentes neutros.
b) Los detergentes básicos.
c) Los detergentes ácidos.
d) Los detergentes alcalinos.

97. Señala la respuesta incorrecta respecto a los desinfectantes:

a) Son un agente químico que destruye o inhibe el crecimiento de microorganismos patógenos en fase vegetativa o no esporulada.
b) No necesariamente matan todos los organismos, pero los reducen a un nivel que no dañan la salud ni la calidad de los bienes perecederos.
c) Se aplican sobre objetos y materiales inanimados, como instrumentos y superficies, para tratar y prevenir la infección.
d) Tienen consideración de medicamentos los antisépticos para piel sana, incluidos los destinados al campo quirúrgico preoperatorio y los destinados a la desinfección del punto de inyección.

98. Señala la respuesta incorrecta respecto a la lejía:

a) La dilución se preparará días antes de su utilización para mayor eficacia y preferentemente en lugares ventilados.
b) No se mezclará con otros desinfectantes.
c) La dilución se debe hacer con agua fría.
d) Mantendremos el envase bien etiquetado, siempre cerrado y protegido de la luz.

99. ¿Qué materiales corroe la lejía?

a) El hierro.
b) El níquel.
c) El acero cromado.
d) Todas las respuestas son correctas.

100. ¿Cuál es el desinfectante de elección en instrumentos reutilizables para hemodiálisis?

a) La lejía.
b) El formaldehído.
c) El glioxal.
d) El glutaraldehído.

101. La cristalización:

a) Es el tratamiento idóneo para piedras porosas y calcáreas.
b) Se aplica con fregona industrial.
c) Se aplica con máquina de chorro de arena.
d) Son correctas las respuestas a) y c).

102. ¿Con que tipo de mopa se aplicará las emulsiones?

a) La mopa deberá ser de algodón usado.
b) Con los flecos abiertos.
c) Con mopa de fibra metálica.
d) Las opciones a) y b) son correctas.

103. Las emulsiones:

a) Se deben aplicar en capas finas.
b) Hay que aplicar al menos dos capas.
c) Se puede pasar por ellas máquina de alta velocidad.
d) Todas son correctas.

104. Para cristalizar:

a) Utilizaremos productos que contengan fluosilicatos.
b) Sólo aplicaremos fluosilicatos con ceras.
c) Se cristaliza con decapantes.
d) Ninguna es correcta.

105. La primera capa de aplicación de emulsiones de suelos:

a) Se apartará medio palmo del zócalo.
b) Se apartará un palmo del zócalo.
c) Se apartará un palmo y medio del zócalo.
d) Cubrirá toda la superficie del suelo.

106. El sistema de limpieza de suelos que simplifica su mantenimiento y que es el más económico se denomina:

a) Abrillantado.
b) Spray.
c) Encerado.
d) Cristalizado.

107. ¿Que determina el grado de agresividad de un disco abrasivo?

a) Su color.
b) Su densidad.
c) Su tamaño.
d) Ninguna de las respuestas anteriores es correcta.

108. Los discos abrasivos tienen la misión de:

a) Extender el producto.
b) Ayudar a la acción química del producto mediante una acción mecánica.
c) Recuperar la suciedad disuelta y abrillantar.
d) Todas las respuestas son correctas.

109. Para la aplicación del Método Spray se debe utilizar:

a) Detergente.
b) Solvente.
c) Cera.
d) Todo ello, emulsionado con agua.

110. ¿Qué tratamiento será más recomendable dar en un suelo de mármol viejo, sin brillo y con arañazos?

a) Primero cristalizado y después encerado.
b) Primero encerado y después diamantado.
c) Primero diamantado y después cristalizado.
d) Primero diamantado y después acuchillado.

111. Señala uno de los inconvenientes que presenta el método de barrido en seco:

a) No permite desempolvar bien por debajo de los muebles y muchas veces fija el polvo y los residuos en los zócalos.
b) La forma en la que debe utilizarse la escoba convencional produce, con el tiempo, dolores de espalda.
c) Es un sistema lento y poco eficaz.
d) Todas las respuestas son correctas.

112. ¿Qué tipo de limpieza se empleará en áreas administrativas?

a) El fregado a máquina.
b) El fregado con un solo cubo solo.
c) El barrido húmedo.
d) El fregado con doble cubo.

113. Las manchas de óxido podrán eliminarse, limpiando bien la superficie con un paño humedecido con una solución de citrato sódico:

a) Al 30 %.
b) Al 20 %.
c) Al 15 %.
d) Al 10 %.

114. ¿A qué tipo de manchas se les debe aplicar una solución de alcohol, ácido acético blanco, glicerina, ácido sálico y éter?

a) A las manchas de cal del agua.
b) A las manchas de óxido.
c) A las manchas de tinta.
d) A las manchas de grasa.

115. ¿Qué tipo de manchas se eliminan con un detergente ácido o con un poco de vinagre?

a) Las manchas de cal del agua.
b) Las manchas de grasa.
c) Las manchas de tinta.
d) Las manchas de chicles.

116. ¿Qué tipo de manchas se eliminan con una solución de agua y un detergente ácido al 50 % o bien alcohol de 96º?

a) Las manchas de tinta.
b) Las manchas de chicles.
c) Las manchas de óxido.
d) Las manchas de grasa.

117. Señala la respuesta incorrecta respecto al aspirado:

a) Moveremos la boquilla de aspiración hacia adelante y hacia atrás mientras avanzamos en el aspirado.

b) Debemos poner a punto la aspiradora asegurándonos de que aspira correctamente y de que es la adecuada para el tipo de suciedad que debemos aspirar.

c) Aspiraremos en primer lugar las superficies que menos se ensucian y, posteriormente las que más se ensucian (y si es preciso dos o tres veces).

d) Comprobaremos que la bolsa está en buenas condiciones para que la boquilla de aspiración pueda succionar la suciedad correctamente.

118. Para cristalizar:

a) Utilizaremos productos que contengan fluosilicatos.

b) Sólo aplicaremos fluosilicatos con ceras.

c) Se cristaliza con decapantes.

d) Ninguna es correcta.

119. ¿Qué tratamiento será más recomendable dar en un suelo de mármol viejo, sin brillo y con arañazos?

a) Primero cristalizado y después encerado.

b) Primero encerado y después diamantado.

c) Primero diamantado y después cristalizado.

d) Primero diamantado y después acuchillado.

120. ¿Cuál es una de las principales ventajas del barrido húmedo en comparación con el barrido tradicional con escoba?

a) Permite limpiar de forma más rápida, pero no es efectivo en el control del polvo.

b) Requiere el uso de detergentes y desinfectantes solo cuando el suelo está muy sucio.

c) Elimina la suciedad sin generar polvo, evitando su diseminación en el ambiente.

d) Solo es adecuado para suelos que no han sido tratados previamente con ceras o cristalizadores.

121. ¿Qué factor es esencial para obtener el mejor rendimiento al usar el sistema de barrido húmedo?

a) Utilizar mopas de gran tamaño sin importar el tipo de superficie.

b) El suelo debe estar liso y tratado con emulsión, cristalizador o cera.

c) El operario no necesita manejar correctamente la herramienta, ya que el sistema es automático.

d) El uso de detergentes y desinfectantes no es necesario para este tipo de limpieza.

122. ¿En qué tipo de superficies se puede emplear el barrido húmedo?

a) Superficies rugosas sin tratamiento.
b) En exteriores y pasillos no tratados.
c) Superficies rugosas sin tratamiento.
d) Suelos cristalizados o tratados con cera.

123. ¿Qué tipo de mopa es más eficaz para el barrido húmedo?

a) Mopa de algodón convencional.
b) Mopa de microfibra.
c) Mopa húmeda impregnada con polvo atrapapolvo.
d) Mopa de pelo largo.

124. ¿Cuál es uno de los inconvenientes del barrido en seco?

a) Es rápido y eficiente.
b) Devuelve gran cantidad de polvo al ambiente.
c) Permite limpiar debajo de los muebles fácilmente.
d) No requiere ventilación del lugar.

125. ¿Qué sistema de limpieza se emplea en áreas administrativas con suelos no especialmente tratados?

a) Barrido en seco.
b) Barrido húmedo.
c) Fregado con un solo cubo.
d) Fregado con dos cubos.

126. ¿Qué herramienta es esencial para el fregado con un solo cubo?

a) Escobón.
b) Carro de fregona industrial de un solo cubo.
c) Mopa de microfibra.
d) Aspiradora industrial.

127. ¿Cuál es una recomendación clave para un uso adecuado de la mopa en el barrido húmedo?

a) Evitar pasar dos veces por el mismo lugar durante la limpieza.
b) Emplear un solo tamaño de mopa para todas las superficies.
c) Utilizarla siempre en superficies rugosas.
d) No cambiar el agua con frecuencia.

128. ¿Cuál es el primer paso en la técnica de fregado con doble cubo?

a) Se escurre la fregona sobre el cubo rojo.
b) Se coloca la prensa sobre el cubo rojo.
c) Se introduce la fregona limpia en el cubo rojo.
d) Se enjuaga la fregona en el cubo azul.

129. ¿En qué dirección se debe realizar el fregado de una estancia utilizando la técnica de doble cubo?

a) De derecha a izquierda y viceversa en forma horizontal.
b) En zigzag, desde la zona limpia a la zona sucia.
c) De arriba hacia abajo en forma diagonal.
d) De izquierda a derecha en forma vertical.

130. ¿Cómo se deben limpiar los pasillos utilizando la técnica de doble cubo?

a) Se limpia una mitad y luego la otra, señalizando la zona.
b) Se limpia todo el pasillo al mismo tiempo.
c) Se limpia primero el borde y luego el centro del pasillo.
d) Se limpia el pasillo de forma aleatoria, sin una secuencia.

131. ¿Qué se debe hacer al final de la limpieza en una habitación utilizando el sistema de fregado con mopa?

a) Se guarda la mopa sucia en la cubeta.
b) Se enjuaga la mopa y se vuelve a utilizar inmediatamente.
c) Se desecha la mopa en una bolsa de plástico.
d) Se guarda la mopa en el carro de transporte.

132. ¿Cuál es el principal objetivo de la aspiración de polvo en suelos textiles?

a) Eliminar manchas profundas en los suelos.
b) Hacer que los suelos brillen al final del proceso.c) Limpiar suelos rugosos sin dañarlos.
d) Recoger polvo y suciedad sin volver a esparcirla por el ambiente.

133. ¿Qué tipo de maquinaria es esencial para realizar el aspirado de polvo en suelos textiles?

a) Aspiradora de polvo profesional con un sistema monobloque.
b) Aspiradora industrial con bolsa.
c) Aspiradora doméstica.
d) Aspiradora sin bolsa y de baja potencia.

134. ¿Cuál es el procedimiento correcto al usar una aspiradora de polvo?

a) Aspirar de forma aleatoria sin una dirección específica.

b) Comenzar aspirando las zonas más sucias primero, moviendo la boquilla hacia adelante y hacia atrás.

c) Utilizar la aspiradora solo en áreas secas.

d) Aspirar solo una vez en cada lugar.

135. En la cristalización de suelos calcáreos, ¿qué tipo de productos se utilizan en el procedimiento?

a) Productos abrasivos y detergentes.

b) Soluciones desinfectantes y abrillantadoras.

c) Productos cristalizadores con fluosilicatos y ceras.

d) Soluciones ácidas y limpiadores neutros.

Solución al test n.º 4

1. d) Resistente al calor.

2. a) El escobillo y el recogedor.

3. b) Arrastrar, amontonar y recoger residuos en pequeños espacios.

4. d) El escobijo o escobillo.

5. d) Los actuales tienen un gran tamaño para evitar desplazamientos a los puntos de vertido.

6. b) Azada y rastrillo.

7. a) El rascador.

8. c) El cepillo.

9. b) 25 metros.

10. b) Monocepillo.

11. c) Pasillos.

12. c) De distinto color.

13. c) Agua más detergente neutro más bayeta y estropajo si fuera preciso.

14. c) Cada día.

15. d) Día.

16. c) Para aprovechar los útiles de limpieza y alargar su vida, se empleará el material estropeado y sucio para realizar la limpieza diaria.

17. c) Finalizada la jornada de trabajo.

18. c) Deberá ajustarse a la que designe la empresa para la que trabaja.

19. d) Limpio, planchado y sin roturas.

20. c) El pelo del trabajador, cuando lo tiene excesivamente largo, no es necesario que se recoja, debido al respeto a la intimidad del mismo.

21. d) El calzado deberá ser el apropiado para la tarea que se tenga que realizar.

22. a) Diario.

23. c) Será condición indispensable para la continuidad en el puesto de trabajo.

24. b) Manos.

25. c) Comiendo, ya que se han lavado antes de comer.

26. d) En todas las ocasiones anteriores.

27. c) Guantes.

28. c) Amarillo.

29. b) Escobillo o escobijo.

30. c) La pala rectangular con los rebordes laterales altos.

31. d) Todas las respuestas son correctas.

32. a) El rascador.

33. b) Gran diámetro, para un abundante riego.

34. b) Snacks.

35. b) 15 centímetros.

36. a) Azul y rojo.

37. a) Azul.

38. c) Tienen una gran capacidad de absorción cuando se humedecen.

39. b) El regulador de presión.

40. d) hidrolimpiadoras de agua caliente.

41. c) El material de limpieza debe limpiarse tras finalizar la jornada de trabajo.

42. c) Microfibras, que mejoran la adherencia de la suciedad.

43. b) Los carros de limpieza deben contar con un sistema de almacenamiento para los productos químicos y utensilios de forma ordenada y accesible.

44. a) Ser ligera, flexible y con alta resistencia a la abrasión.

45. b) Protección contra humedad y polvo Clase IP 40.

46. b) Fregar y abrillantar suelos de interior.

47. d) Ser aptas para todo tipo de superficies.

48. c) Las segundas son conducidas por un operador sentado, mientras que las primeras son seguidas a pie.

49. b) Reducir la emisión de partículas al ambiente.

50. c) El motocarro.

51. a) El camión de brigada.

52. d) Las barredoras o autobarredoras.

53. d) Cuentan con cabina ampliada para trasladar a un buen número de operarios.

54. c) Mangote de aspiración.

55. a) Un cepillo de eje vertical colocado en el extremo de un brazo articulado accionado hidráulicamente.

56. b) Barredoras de arrastre.

57. c) Cepillos laterales y cepillo central.

58. c) Suelen tener tres ruedas (una delantera y dos traseras).

59. d) Una de las principales ventajas es el tamaño de los residuos, ya que se puede aplicar sobre residuos de todos los tamaños.

60. b) Tercer cepillo acoplado a un brazo articulado.

61. a) Tener que descargar por volquete.

62. a) Una barredora de aspiración con mangote.

63. a) El barrido de repaso en áreas peatonales con elevada intensidad de tráfico.

64. d) Su sistema de carga es por arrastre.

65. a) Carecen de cepillos.

66. b) 75 cm.

67. d) Capacidad de carga de residuos reducida a una bolsa de plástico de 120 litros.

68. a) 15 atmósferas.

69. a) Una autobaldeadora.

70. b) Autobaldeadora de alta presión.

71. c) 60 atm.

72. c) 4.000 litros.

73. a) Es una autobaldeadora de alta presión.

74. b) Carece de cepillos.

75. d) Litros por hora.

76. d) El hidrolimpiador.

77. c) Serpentín.

78. b) Hidrolimpiadora semiprofesional.

79. c) Un camión succionador.

80. d) El glutaraldehído.

81. c) Los detergentes aniónicos.

82. b) Los detergentes anfóteros.

83. a) Son productos de gran eficacia, pero de elevado poder corrosivo.

84. d) Está comprendido entre 6 y 8.

85. d) Todas las respuestas son correctas.

86. c) Sanitizante.

87. b) Es estable aunque tiene poco efecto remanente y se inactiva muy fácilmente en presencia de materia orgánica.

88. b) 1:10 (9 litros de agua y 1 de lejía).

89. d) Son activos frente a hongos y bacterias Gram (+) y menos frente a las Gram (-).

90. c) 70 %.

91. c) Los alcoholes se inactivan en presencia de materia orgánica.

92. b) Es recomendable para la limpieza y desinfección de todo tipo de superficies.

93. d) Los limpiamuebles se deben aplicar en la bayeta inmediatamente antes de su uso y, a ser posible, sobre mobiliario no lavable.

94. a) Los detergentes no iónicos.

95. c) Detergentes ácidos.

96. a) Los detergentes neutros.

97. d) Tienen consideración de medicamentos los antisépticos para piel sana, incluidos los destinados al campo quirúrgico preoperatorio y los destinados a la desinfección del punto de inyección.

98. a) La dilución se preparará días antes de su utilización para mayor eficacia y preferentemente en lugares ventilados.

99. d) Todas las respuestas son correctas.

100. b) El formaldehído.

101. a) Es el tratamiento idóneo para piedras porosas y calcáreas.

102. d) Las opciones a) y b) son correctas.

103. d) Todas son correctas.

104. a) Utilizaremos productos que contengan fluosilicatos.

105. b) Se apartará un palmo del zócalo.

106. b) Spray.

107. a) Su color.

108. d) Todas las respuestas son correctas.

109. d) Todo ello, emulsionado con agua.

110. c) Primero diamantado y después cristalizado.

111. d) Todas las respuestas son correctas.

112. b) El fregado con un solo cubo solo.

113. d) Al 10 %.

114. c) A las manchas de tinta.

115. a) Las manchas de cal del agua.

116 . b) Las manchas de chicles.

117. c) Aspiraremos en primer lugar las superficies que menos se ensucian y, posteriormente las que más se ensucian (y si es preciso dos o tres veces).

118. a) Utilizaremos productos que contengan fluosilicatos.

119. c) Primero diamantado y después cristalizado.

120. c) Elimina la suciedad sin generar polvo, evitando su diseminación en el ambiente.

121. b) El suelo debe estar liso y tratado con emulsión, cristalizador o cera.

122. d) Suelos cristalizados o tratados con cera.

123. c) Mopa húmeda impregnada con polvo atrapapolvo.

124. b) Devuelve gran cantidad de polvo al ambiente.

125. c) Fregado con un solo cubo.

126. b) Carro de fregona industrial de un solo cubo.

127. a) Evitar pasar dos veces por el mismo lugar durante la limpieza.

128. b) Se coloca la prensa sobre el cubo rojo.

129. b) En zigzag, desde la zona limpia a la zona sucia.

130. a) Se limpia una mitad y luego la otra, señalizando la zona.

131. c) Se desecha la mopa en una bolsa de plástico.

132. d) Recoger polvo y suciedad sin volver a esparcirla por el ambiente.

133. a) Aspiradora de polvo profesional con un sistema monobloque.

134. b) Comenzar aspirando las zonas más sucias primero, moviendo la boquilla hacia adelante y hacia atrás.

135. c) Productos cristalizadores con fluosilicatos y ceras.

TEST N.º 5

Composición e información sobre las propiedades de los componentes de los productos de limpieza. Dosificación. Significado de los símbolos de las etiquetas de los productos

1. ¿Con qué letra se denominan las indicaciones de peligro de las etiquetas de los productos?

a) P.
b) R.
c) H.
d) S.

2. ¿Cómo se denomina el documento elaborado por el fabricante de una sustancia o mezcla química en la que se ofrece abundante información sobre sus riesgos?

a) Ficha de datos de seguridad.
b) Etiqueta.
c) envase.
d) Prospecto.

3. ¿Qué datos contendrá la FDS sobre la manipulación y almacenamiento del producto?

a) Precauciones para una manipulación segura.
b) Condiciones de almacenamiento seguro, incluidas posibles incompatibilidades.
c) Usos específicos finales.
d) Todas las respuestas son correctas.

4. ¿Qué tipo de peligro tienen las sustancias comburentes?

a) Físicos.
b) Químicos.
c) Para la salud.
d) Para el medio ambiente.

5. Cuando una sustancia o mezcla inducen cáncer o aumentan su incidencia, ¿cómo se denomina?

a) Mutagénica.
b) Carcinogénica.
c) Pirogénica.
d) Tóxica.

6. Si en la etiqueta de un producto aparece el siguiente símbolo significa qué es:

a) Peligroso para el medio ambiente.
b) Nocivo.
c) Biodegradable.
d) Tóxico.

7. Los pictogramas de peligro son composiciones gráficas que contienen:

a) Un símbolo rojo sobre un fondo negro, con un marco naranja lo suficientemente ancho para ser claramente visible.
b) Un símbolo blanco sobre un fondo negro, con un marco rojo lo suficientemente ancho para ser claramente visible.
c) Un símbolo rojo sobre un fondo blanco, con un marco naranja lo suficientemente ancho para ser claramente visible.
d) Un símbolo negro sobre un fondo blanco, con un marco rojo lo suficientemente ancho para ser claramente visible.

8. Las indicaciones de peligro, llamadas H, se agrupan en:

a) Peligros para la salud humana.
b) Peligros físicos.
c) Peligros para el medio ambiente.
d) Todas las respuestas son correctas.

9. El documento que elabora el fabricante de una sustancia o mezcla química para informar de sus riesgos se llama:

a) Libro Técnico de Riesgos.
b) Ficha de Datos de Seguridad.
c) Libro de Instrucciones.
d) Nota Técnica de Prevención.

10. Los envases en que se presentan para la venta los productos de limpieza han de cumplir ciertos requisitos. ¿Cuál de los siguientes es falso?

a) Los materiales que constituyen los envases y sus cierres han de ser fácilmente solubles en el contenido para no entrar en reacción con él.
b) Los envases y sus cierres estará diseñados y fabricados de manera que sean estancos, fuertes y sólidos.

c) Los envases de los productos con un sistema de cierre reutilizable dispondrán de un cierre de características y diseños tales que una vez abiertos puedan ser nuevamente cerrados sin perder su carácter estanco.

d) La válvula de los productos envasados en aerosoles deberá permitir el cierre prácticamente hermético del generador de aerosol y estar protegida contra toda abertura involuntaria.

11. El Reglamento CLP establece tres tipos de peligros que pueden representar las sustancias o sus mezclas; señala la incorrecta:

a) Peligros para el medio ambiente.
b) Peligros físicos.
c) Peligros para la salud.
d) Peligros contagiables.

12. Según el Reglamento CLP, ¿en cuántas clases se agrupan los peligros relacionados con las propiedades fisicoquímicas de los productos?

a) En 2 clases.
b) En 6 clases.
c) En 10 clases.
d) En 16 clases.

13. Los líquidos inflamables son aquellos cuyo punto de inflamación no supera:

a) 60 ºC.
b) 80 ºC.
c) 93 ºC.
d) 110 ºC.

14. ¿Cómo se llaman las sustancias que en contacto con otras producen una reacción exotérmica?

a) Piroforicas.
b) Explosivas.
c) Comburentes.
d) Corrosivas.

15. Las sustancias o mezclas líquidas o sólidas que, aún en pequeñas cantidades, pueden inflamarse al cabo de 5 minutos de entrar en contacto con el aire, se llaman:

a) Sustancias piroforicas.
b) Sustancias comburentes.
c) Sustancias autorreactivas.
d) Sustancias explosivas.

16. Los peligros para la salud se hallan divididos, según el Reglamento CLP, en:

a) 20 clases y 35 categorías.
b) 2 clases y 5 categorías.
c) 10 clases y 25 categorías.
d) 16 clases y 45 categorías.

17. No se considera toxicidad aguda cuando los efectos adversos se manifiestan:

a) Tras la administración por vía oral de una sola dosis de una sustancia o mezcla.
b) Tras dosis múltiples administradas a lo largo de 24 horas.
c) Como consecuencia de una exposición por inhalación durante 4 horas.
d) Tras la administración por vía cutánea de entre 10 a 20 dosis de una sustancia o mezcla.

18. Se clasifican como irritantes oculares las sustancias que, como consecuencia de su aplicación en la superficie anterior del ojo, producen alteraciones oculares totalmente reversibles en:

a) Las 4 horas siguientes a la aplicación.
b) Las 24 horas siguientes a la aplicación.
c) Los 10 días siguientes a la aplicación.
d) Los 21 días siguientes a la aplicación.

19. En el etiquetado de un producto de limpieza, las palabras que indican el nivel relativo de gravedad de los peligros para alertar al consumidor de la existencia de un peligro potencial, se denominan:

a) Palabras de advertencia.
b) Consejos de prudencia.
c) Pictogramas.
d) Frases R.

20. ¿Cuál de las siguientes es una palabra de advertencia asociada a las categorías menos graves, según el Reglamento CLP?

a) Cuidado.
b) Ojo.
c) Atención.
d) Prudencia.

21. ¿De qué advierte el pictograma de la figura en una etiqueta de un producto de limpieza?

a) Sustancia inflamable.
b) Sustancia comburente.
c) Sustancia corrosiva.
d) Sustancia explosiva.

22. Al utilizar un producto químico con el siguiente pictograma, hay que recordar que se trata de una sustancia:

a) Corrosiva.
b) Dañina para el medio ambiente.
c) Tóxica.
d) Gas bajo presión.

23. Las frases de riesgo, R, de las etiquetas de los productos químicos han sido sustituidos en el nuevo Reglamento CLP por:

a) Las frases H, indicaciones de peligro.
b) Los consejos de prudencia, P.
c) Las palabras de advertencia.
d) Los pictogramas.

24. Las frases EUH en la etiqueta de un producto, contienen:

a) Indicaciones de peligro para la salud humana.
b) Consejos de prudencia.
c) Frases de advertencia.
d) Información suplementaria sobre los peligros.

25. Los nuevos consejos de prudencia en las etiquetas de los productos, equivalen a las anteriores:

a) Indicaciones de peligro.
b) Frases S.
c) Frases R.
d) Palabras de peligro.

26. El etiquetado de aquellos detergentes que resulten clasificados como productos peligrosos:

a) Deberá cumplir el Reglamento sobre clasificación, envasado y etiquetado de preparados peligrosos vigente.
b) Bastará con cumplir sólo el etiquetado de la Reglamentación técnico-sanitaria para la elaboración, circulación y comercio de detergentes y limpiadores.
c) No está sujeta a obligaciones de etiquetado.
d) La etiqueta deberá ser de color naranja.

27. En el caso de que un producto limpiador sea considerado como producto peligroso, actualmente el fabricante debe incluir en su etiquetado un pictograma de peligro que será:

a) Cuadrado y apoyado sobre un lado.
b) Cuadrado y apoyado sobre un vértice.
c) Redondo.
d) Rectangular apoyado sobre el lado mayor.

Solución al test n.º 5

1. c) H.

2. a) Ficha de datos de seguridad.

3. d) Todas las respuestas son correctas.

4. a) Físicos.

5. b) Carcinogénica.

6. a) Peligroso para el medio ambiente.

7. d) Un símbolo negro sobre un fondo blanco, con un marco rojo lo suficientemente ancho para ser claramente visible.

8. d) Todas las respuestas son correctas.

9. b) Ficha de Datos de Seguridad.

10. a) Los materiales que constituyen los envases y sus cierres han de ser fácilmente solubles en el contenido para no entrar en reacción con él.

11. d) Peligros contagiables.

12. d) En 16 clases.

13. a) 60 ºC.

14. c) Comburentes.

15. a) Sustancias pirofóricas.

16. c) 10 clases y 25 categorías.

17. d) Tras la administración por vía cutánea de entre 10 a 20 dosis de una sustancia o mezcla.

18. d) Los 21 días siguientes a la aplicación.

19. a) Palabras de advertencia.

20. c) Atención.

21. d) Sustancia explosiva.

22. a) Corrosiva.

23. a) Las frases H, indicaciones de peligro.

24. d) Información suplementaria sobre los peligros.

25. b) Frases S.

26. a) Deberá cumplir el Reglamento sobre clasificación, envasado y etiquetado de preparados peligrosos vigente.

27. b) Cuadrado y apoyado sobre un vértice.

TEST N.º 6

Manipulación, transporte y almacenamiento de productos de limpieza. Identificación de los peligros

1. En la tabla de almacenamiento con sus respectivos iconos, el signo "0" entre productos nos indica:

a) Puede almacenarse junto.
b) No debe almacenarse junto.
c) Solamente podrán almacenarse juntos, adoptando ciertas medidas.
d) Debe estar siempre vacío.

2. ¿Qué es falso del almacenamiento de los productos de limpieza?

a) Se debe utilizar en las zonas bajas de las estanterías los productos más voluminosos y los más utilizados.
b) Almacenar las sustancias peligrosas debidamente separadas.
c) A mayor producto almacenado, menor riesgo.
d) Almacenar las sustancias peligrosas agrupadas por el tipo de riesgo que pueden generar y respetando las incompatibilidades que existen entre ellas

3. Los productos de limpieza pueden:

a) Provocar incendios o explosiones.
b) Emitir gases peligrosos.
c) Son ciertas las respuestas a) y b).
d) Generalmente son inocuos, y no debe existir precauciones en su almacenamiento.

4. ¿Qué cantidades de productos químicos de limpieza se guardarán en los lugares de trabajo?

a) Suficientes para un mes de trabajo.
b) Suficientes para una semana de trabajo.
c) Las que sean estrictamente necesarias para el desarrollo de la actividad diaria.
d) No es necesario tener controles estrictos de cantidades de productos químicos de limpieza.

5. ¿Cómo deben almacenarse las sustancias peligrosas empleadas en la limpieza?

a) Separadas y obviando las incompatibilidades que existen entre ellas.
b) Agrupadas por diferentes tipos de riesgo.
c) Obviando las incompatibilidades que existen entre ellas.
d) Separadas, agrupadas por el tipo de riesgo que pueden generar y respetando las incompatibilidades que existen entre ellas.

6. ¿Qué productos de estos pueden estar cerca unos de otros ya que no son reactivos entre sí?

a) La lejía y el salfumán.
b) La lejía y el amoníaco.
c) La lejía, el salfumán, el amoníaco.
d) Todos son reactivos entre sí, y no pueden acercarse unos con otros.

7. Todo lo que se dice de las recomendaciones de almacenaje de productos químicos empleados en limpieza es cierto, excepto:

a) Elegir el recipiente adecuado para guardar cada tipo de sustancia química.
b) Guardar los líquidos peligrosos en recipientes abiertos.
c) Tener en cuenta que el frío y el calor deterioran el plástico, por lo que este tipo de envases que contenga productos químicos de limpieza deben ser revisados con frecuencia.
d) Todos los envases que contenga productos químicos de limpieza deben tener su correspondiente etiqueta.

8. ¿Qué productos químicos se sitúan en las zonas más bajas de las estanterías?

a) Los productos más voluminosos y los menos utilizados.
b) Los productos más voluminosos y los más utilizados.
c) Los productos menos voluminosos y los menos utilizados.
d) Los productos menos voluminosos y los más utilizados.

9. Según el RD 770/1999, ¿qué productos son auxiliares para el lavado a máquina de vajillas?

a) Detergentes y suavizantes.
b) Aditivos y quitagrasas.
c) Abrillantadores y sales.
d) Limpiametales y desincrustantes.

10. ¿Qué caracteriza a los detergentes según la clasificación de productos de limpieza?

a) Se elaboran con grasas animales y huesos calcinados.
b) Son biodegradables y específicos según el tipo de suciedad.
c) Su uso es exclusivo para industria alimentaria.
d) Requieren agua caliente para su activación.

11. ¿Qué materiales deben cumplir los envases de lejía según el Real Decreto 3360/1983?

a) Ser opacos y rígidos.
b) Ser transparentes y retornables.
c) Responder a criterios estéticos infantiles.
d) Ser estancos y no reaccionar con su contenido.

12. ¿Qué productos generan cloramina al mezclarse?

a) Lejía y vinagre.
b) Lejía y amoniaco.
c) Vinagre y bicarbonato.
d) Lejía y alcohol en gel.

13. ¿Qué reacción ocurre al mezclar vinagre con agua oxigenada?

a) Se forma ácido peracético, altamente corrosivo.
b) Se neutralizan entre sí sin efectos secundarios.
c) Se evapora el oxígeno y genera calor.
d) Se forman sales alcalinas inofensivas.

14. ¿Por qué no se deben mezclar lejía y vinagre?

a) Generan gas cloro, altamente tóxico.
b) Producen ácido sulfúrico, que irrita la piel.
c) Provocan reacciones exotérmicas explosivas.
d) Forman un residuo sólido dañino para la salud.

15. ¿Qué ocurre al mezclar lejía con agua caliente?

a) El cloro se evapora, anulando su efecto desinfectante.
b) Se forma ácido clorhídrico, irritante para la piel.
c) Se genera cloramina, tóxica al inhalarse.
d) Se producen burbujas de oxígeno inofensivas.

16. ¿Qué precaución general se debe tener al almacenar productos químicos?

a) Colocarlos en estanterías sin barreras físicas.
b) Agruparlos según su color o diseño del envase.
c) Separar productos que puedan reaccionar entre sí.
d) Mezclar solo productos con el mismo pictograma CLP.

17. ¿Qué ocurre al mezclar lejía con alcohol en gel?

a) Se produce cloroformo y ácido muriático.
b) Se forma ácido peracético, corrosivo.

c) Se generan gases inertes.
d) Se evapora el alcohol y pierde su efectividad.

18. ¿Qué mezcla puede provocar una explosión en recipientes cerrados?

a) Lejía y vinagre.
b) Cloro y lavavajillas.
c) Vinagre y bicarbonato.
d) Lejía y agua oxigenada.

19. ¿Qué debe hacerse si un producto químico presenta varias clases de peligro?

a) Almacenar según el pictograma más visible en el envase.
b) Guardarlo junto a productos compatibles de menor riesgo.
c) Ubicarlo en el almacenamiento que cumpla los requisitos más restrictivos.
d) Mezclarlo con agentes extintores para reducir su riesgo.

20. ¿Qué condiciones deben cumplirse para almacenar líquidos inflamables y corrosivos juntos?

a) Que los recipientes sean transparentes y rígidos.
b) Que los envases sean retornables y de plástico.
c) Que exista una separación física que evite su contacto en caso de incidente.
d) Que ambos líquidos tengan el mismo pictograma CLP.

21. ¿Qué no está permitido al almacenar productos químicos?

a) Separar productos según sus etiquetas de advertencia.
b) Mezclar productos que requieran agentes extintores incompatibles.
c) Guardar productos líquidos en recipientes cerrados herméticamente.
d) Almacenar recipientes grandes en cubetos independientes.

22. ¿Qué se debe considerar al almacenar productos químicos con el mismo pictograma CLP?

a) Pueden almacenarse siempre juntos sin restricciones.
b) Verificar la compatibilidad específica entre sus clases de peligro.
c) Deben separarse con barreras físicas obligatoriamente.
d) Se almacenan según la capacidad del envase.

23. ¿Qué debe hacerse si un almacenamiento incluye líquidos de diferentes clases o categorías?

a) Separarlos por colores según el envase.
b) Considerarlos como un líquido de la clase más peligrosa.
c) Mezclarlos para reducir el riesgo general.
d) Almacenarlos en estanterías con ventilación natural.

24. ¿Qué debe hacerse con los utensilios de limpieza al finalizar la jornada?

a) Dejarlos en el lugar habitual sin limpiar.
b) Guardarlos en el carro de transporte.
c) Someterlos a una correcta limpieza para disponer de ellos en perfecto estado al día siguiente.
d) Enjuagarlos solo con agua.

25. ¿Qué material debe utilizarse para recoger vertidos de disolventes?

a) Arena común.
b) Harina de maíz.
c) Sepiolita o tierra de diatomeas.
d) Trapos húmedos.

26. ¿Qué normativa regula los equipos de protección individual como el calzado?

a) Ley de Prevención de Riesgos Laborales.
b) Reglamento Europeo de Higiene.
c) Real Decreto 1407/1992.
d) Norma ISO 9001.

27. ¿Qué tipo de calzado se recomienda frente a riesgos de descarga electrostática?

a) Suela de goma gruesa.
b) Suela conductora o antiestática.
c) Empeine impermeable.
d) Suela con clavos metálicos.

28. ¿Qué se recomienda para el mantenimiento del calzado húmedo?

a) Guardarlo en bolsa de plástico.
b) Ponerlo cerca de una fuente de calor para secarlo rápido.
c) Almacenarlo en lugar ventilado evitando fuentes de calor.
d) Secarlo con toallas y usar inmediatamente.

29. ¿Qué tipo de guantes puede endurecerse en medios húmedos y perder flexibilidad?

a) Guantes de plástico.
b) Guantes de goma.
c) Guantes de cuero.
d) Guantes de nitrilo.

30. ¿Cuál es un inconveniente del uso de guantes de goma?

a) No ofrecen protección contra ácidos.
b) No pueden usarse con agua caliente.
c) Pueden ser atravesados por sustancias químicas y provocar irritaciones.
d) Se usan solo como forro interior.

31. ¿Qué tipo de guantes son los más adecuados en general para protección química?

a) Guantes de cuero.
b) Guantes de tela.
c) Guantes de goma.
d) Guantes de plástico (PVC, PVA, nitrilo).

32. ¿Cuál es el principal uso de los guantes de tela en el entorno de limpieza?

a) Manipular productos químicos agresivos.
b) Trabajar con objetos sólidos y polvorientos.
c) Lavar superficies con detergentes.
d) Manipular disolventes orgánicos.

33. ¿Qué se debe hacer antes y después de cada procedimiento de limpieza respecto a las manos?

a) Aplicar alcohol desinfectante.
b) Lavarlas higiénicamente con agua y jabón.
c) Frotarlas con un paño seco.
d) Usar gel hidroalcohólico.

Solución al test n.º 6

1. c) Solamente podrán almacenarse juntos, adoptando ciertas medidas.

2. c) A mayor producto almacenado, menor riesgo.

3. c) Son ciertas las respuestas a) y b).

4. c) Las que sean estrictamente necesarias para el desarrollo de la actividad diaria.

5. d) Separadas, agrupadas por el tipo de riesgo que pueden generar y respetando las incompatibilidades que existen entre ellas.

6. d) Todos son reactivos entre sí, y no pueden acercarse unos con otros.

7. b) Guardar los líquidos peligrosos en recipientes abiertos.

8. b) Los productos más voluminosos y los más utilizados.

9. c) Abrillantadores y sales.

10. b) Son biodegradables y específicos según el tipo de suciedad.

11. d) Ser estancos y no reaccionar con su contenido.

12. b) Lejía y amoniaco.

13. a) Se forma ácido peracético, altamente corrosivo.

14. a) Generan gas cloro, altamente tóxico.

15. a) El cloro se evapora, anulando su efecto desinfectante.

16. c) Separar productos que puedan reaccionar entre sí.

17. a) Se produce cloroformo y ácido muriático.

18. c) Vinagre y bicarbonato.

19. c) Ubicarlo en el almacenamiento que cumpla los requisitos más restrictivos.

20. c) Que exista una separación física que evite su contacto en caso de incidente.

21. b) Mezclar productos que requieran agentes extintores incompatibles.

22. b) Verificar la compatibilidad específica entre sus clases de peligro.

23. b) Considerarlos como un líquido de la clase más peligrosa.

24. c) Someterlos a una correcta limpieza para disponer de ellos en perfecto estado al día siguiente.

25. c) Sepiolita o tierra de diatomeas.

26. c) Real Decreto 1407/1992.

27. b) Suela conductora o antiestática.

28. c) Almacenarlo en lugar ventilado evitando fuentes de calor.

29. c) Guantes de cuero.

30. c) Pueden ser atravesados por sustancias químicas y provocar irritaciones.

31. d) Guantes de plástico (PVC, PVA, nitrilo).

32. b) Trabajar con objetos sólidos y polvorientos.

33. b) Lavarlas higiénicamente con agua y jabón.

TEST N.º 7

Limpieza de un edificio. Áreas de limpieza. Limpieza de distintas dependencias, habitaciones, baños, cocinas, comedores. Materiales necesarios, prioridad y orden en su utilización

1. ¿Con qué frecuencia se realizará la limpieza de cubos de basura y sus correspondientes carros de transporte?

a) Diariamente.
b) Cada dos días.
c) Semanalmente.
d) Mensualmente.

2. La limpieza trimestral se efectuará en:

a) papeleras, azulejos del baño, cable del teléfono, etc.
b) radiadores.
c) paredes, techos, lámparas del techo.
d) cortinas, puertas.

3. ¿Cómo se lleva a cabo el orden de la limpieza?

a) De arriba hacia abajo, de fuera hacia dentro, de lo más limpio a lo más sucio.
b) De abajo hacia arriba, de fuera hacia dentro, de lo más limpio a lo más sucio.
c) De arriba hacia abajo, de dentro hacia fuera, de lo más sucio a lo más limpio.
d) De arriba hacia abajo, de dentro hacia fuera, de lo más limpio a lo más sucio.

4. Para limpiar las pantallas de los ordenadores:

a) Deberán estar apagados y desconectados.
b) Deberán emplearse productos antiestáticos.
c) La humedad puede provocar problemas.
d) Todas son correctas.

5. En la limpieza de equipos de oficina (ordenadores personales, fotocopiad ras, etc.), ¿debe limpiarse su interior por parte del personal de limpieza?

a) Sí, pero deben desconectarse de la red eléctrica primero.
b) No, ya que de esa tarea se ocupan los correspondientes profesionales.
c) Sí, pero no de forma diaria sino semestral.
d) No, salvo en el caso de los contenedores de tóner de las fotocopiadoras.

6. ¿Cómo debe limpiarse una carcasa de ordenador?

a) Con una esponja humedecida en alcohol.
b) Con bayeta de tela sin tejer impregnada de solución de detergente multiusos.
c) Con un trapo suave ligeramente humedecido en agua.
d) Con un trapo impregnado de un producto antigrasa.

7. Como se limpian los teléfonos:

a) Sólo con agua.
b) Con un paño humedecido en solución de detergente neutro.
c) Cuando esté muy sucio, con un cepillo muy suave, impregnado de petróleo.
d) Con paño seco y quitapolvo.

8. ¿Cada cuánto tiempo se limpia la zona de micrófono de los teléfonos, si se considera necesario por razones higiénicas?

a) Diariamente.
b) Cada dos días.
c) Semanalmente.
d) Mensualmente.

9. Las ranuras del teclado se limpian:

a) Con papel de celulosa.
b) Con una bayeta humedecida en alcohol.
c) Con una esponja impregnada en una solución de agua con alcohol.
d) Se realizará sacudiendo suavemente los teclados.

10. La limpieza diaria del fax se realiza con:

a) Un paño empapado en agua.
b) Con una bayeta de tela sin tejer humedecida en solución de detergente neutro.
c) Una bayeta mojada en agua con detergente.
d) Todas las respuestas anteriores son correctas.

11. El cristal de la fotocopiadora debe ser limpiado con:

a) Limpiacristales.
b) Agua.
c) Alcohol y detergente.
d) Ninguna de las respuestas anteriores es correcta.

12. La limpieza exterior de una fotocopiadora se realiza con:

a) Un plumero.
b) Una esponja impregnada en detergente.
c) Una bayeta húmeda.
d) Un paño seco.

13. Los equipos informáticos deben limpiarse con:

a) Agua.
b) Productos antiestáticos.
c) Lejía.
d) Todas las respuestas anteriores son correctas.

14. La limpieza del interior de la máquina fotocopiadora:

a) Consistirá en retirar el polvo y quitarle cualquier resto de suciedad utilizando una bayeta húmeda.
b) Se realizará limpiando con un paño o bayeta secos.
c) Se utilizarán cepillos especialmente diseñados para ello y un producto capta-polvo.
d) Ninguna es correcta: esta limpieza será realizada por los profesionales del área.

15. Los ordenadores suelen atraer el polvo porque:

a) Suelen cargarse de energía estática.
b) Están fabricados de materiales que atraen el polvo.
c) Tienen imanes interiores, que atraen el polvo que tenga contenido mineral.
d) Ninguna es correcta: los ordenadores no atraen el polvo más que otros elementos de la oficina.

16. ¿Cuál de los siguientes elementos de una habitación se limpiará en último lugar?

a) Paredes, rejillas de aire acondicionado y techos.
b) Suelos.
c) Mobiliario.
d) Ventanas.

17. Al finalizar la limpieza de un ámbito determinado se cambiará el agua y solución desinfectante si se utiliza el doble cubo. En el área hospitalaria, no tiene la consideración de ámbito:

a) Cada habitación.
b) Un baño.
c) Una consulta.
d) La planta completa.

18. En la limpieza común de cada habitación o instalaciones similares, se realizará en primer lugar:

a) Barrido húmedo del suelo de la habitación.
b) Limpieza y desinfección del suelo del baño.
c) Desincrustación del baño.
d) Limpieza y desinfección de superficies de la habitación.

19. Para evitar el arrastre de suciedad hacia superficies limpias se ha de proceder siempre:

a) De abajo a arriba.
b) De afuera a dentro.
c) De lo más rápido a lo más laborioso.
d) De la zona más limpia a la más sucia.

20. En la desincrustación de los sanitarios del baño, se comenzará por:

a) Espejo y repisa.
b) Ducha o bañera de asistidos: azulejos, plato y grifería.
c) Dispensador de papel, dispensador de jabón, interruptores y picaportes puerta.
d) Lavabo: exterior, grifería e interior.

21. ¿Qué bayeta se utiliza usualmente para la limpieza de los retretes?

a) Azul.
b) Amarilla.
c) Roja.
d) Verde.

22. En la limpieza de superficies de la habitación del paciente, ¿cuál de los siguientes elementos se limpia en primer lugar?

a) Sillas y butacas.
b) Las manillas de las puertas.
c) Sistemas de iluminación de la cabecera de la cama.
d) Interruptores.

23. ¿Cuál de las siguientes zonas del área de hospitalización se limpiará en primer lugar?

a) Almacenillos de farmacia.
b) Vestíbulos de planta.
c) Vertederos.
d) Control de enfermería.

24. De las siguientes zonas del área de hospitalización, ¿cuál se limpiará antes que las demás?

a) Sala de medicación.
b) Habitaciones de hospitalización.
c) Office.
d) Pasillos de planta.

25. En la habitación del paciente, el aclarado de los grifos del lavabo se suele realizar con la bayeta:

a) Amarilla.
b) Roja.
c) Azul.
d) Verde.

26. La primera acción que se realiza en la limpieza del inodoro es:

a) Limpiar y aclarar el soporte de la escobilla.
b) Vaciar la solución del soporte de la escobilla en el retrete y tirar de la cadena.
c) Desincrustar el interior del WC con la escobilla.
d) Llenar el soporte de la escobilla con la solución desincrustante.

27. De las siguientes acciones correspondientes a la limpieza diaria de una habitación, ¿cuál se realiza antes que las demás?

a) Aclarado de la desincrustación del baño.
b) Limpieza y desinfección del suelo del baño.
c) Limpieza y desinfección de las superficies elevadas de baño.
d) Lavado de manos y reposición de material.

28. Para limpiar y desinfectar las superficies de la habitación, ¿en qué producto se impregna la bayeta roja?

a) En detergente.
b) En desinfectante.
c) En detergente/desinfectante.
d) No se usa la bayeta roja.

29. Para realizar la limpieza de una habitación, ¿cuál de estos elementos se limpia en primer lugar?

a) Sistemas de iluminación de la cabecera de la cama.
b) Sillas y butacas.
c) Teléfono y mando de la TV.
d) Las manillas de las puertas.

30. Para realizar la limpieza de una habitación, ¿cuál de estos elementos se limpia en último lugar?

a) Camas: cabecero, barreras y barras inferiores (debajo de la cama).
b) Sillas y butacas.
c) Timbre.
d) Las manillas de las puertas.

31. ¿Por dónde se comenzará el barrido atrapapolvo del suelo?

a) Por la pared.
b) Por el centro de la habitación.
c) Por el fondo de la habitación.
d) Por la puerta.

32. ¿Con qué utensilio se realiza el barrido atrapapolvo?

a) Con cepillo.
b) Con fregona.
c) Con paño azul.
d) Con mopa y fliselina.

33. ¿Qué elementos se deben reponer en el baño?

a) Papel higiénico.
b) Papel secamanos.
c) Jabón.
d) Todas las respuestas son correctas.

34. ¿Qué tipo de limpieza se realizará al alta del paciente?

a) Rutinaria.
b) Periódica.
c) A fondo.
d) Ninguna.

35. ¿Cuál de las siguientes tomas de la habitación del paciente se limpiará primero?

a) La toma de televisión.
b) La toma de oxígeno.
c) La toma eléctrica para accionamiento de la cama.
d) La toma de aire.

36. Señalar la opción incorrecta en relación a la limpieza diaria de la habitación del paciente:

a) Siempre, previamente al uso del desinfectante, la superficie debe limpiarse con solución detergente.
b) Evitar que se ventile la habitación.
c) Limpiar con el paño azul impregnado con la solución DD (detergente/desinfectante) el entorno inmediato del paciente siempre hacia la periferia y de arriba abajo.
d) Preparar la solución respetando la dilución y disponer el material teniendo en cuenta la zona limpia y sucia convenida sobre el carro.

37. En la habitación ocupada, de los siguientes elementos, ¿cuál limpiaremos primero?

a) La cama.
b) Los interruptores.
c) Las manillas de las puertas.
d) El timbre.

38. En la limpieza de habitaciones al alta de pacientes no es necesario incluir:

a) Cambiar la funda del colchón y protector de almohada.
b) Limpieza del colchón.
c) Limpieza interior de armarios y mesillas.
d) Desmontaje de rejillas del aire y limpieza.

39. No es correcto en relación a la limpieza en profundidad de las habitaciones:

a) Incluye todas las acciones de la limpieza diaria.
b) Incluye desincrustación enérgica del suelo y paredes del baño empleando estropajo y cepillos de cerdas duras en lugar de mopa porosa y bayetas.
c) Incluye desmontaje y limpieza de las rejillas de aireación.
d) Podrá realizarse en presencia de los pacientes, tomando precauciones.

40. De las siguientes acciones de la limpieza en profundidad de la habitación, ¿cuál se realizará en primer lugar?

a) Limpieza de cristales.
b) Desinfección de la barra de la cortina de separación entre pacientes.

c) Limpieza del zócalo.
d) Desinfección del interior de los armarios.

41. ¿Qué tarea se realiza en la limpieza al alta del paciente, que no se hacen habitualmente en habitaciones ocupadas?

a) Limpieza de suelos.
b) Limpieza de interrupciones.
c) Limpieza de interior de armarios.
d) Barrido húmedo.

42. ¿Qué se hará al alta de un paciente hospitalizado?

a) Limpieza y desinfección de superficies de la habitación.
b) Hacer cama.
c) Recogida del material por habitación.
d) Todas las respuestas son correctas.

43. ¿En qué momento se realiza la limpieza en profundidad de una habitación?

a) En turno de noche mientras el paciente duerme.
b) Cuando el paciente está ausente.
c) Cuando el paciente está presente.
d) El fin de semana cuando se cierran las instalaciones.

44. Para la limpieza en profundidad del baño, ¿qué es falso?

a) Se limpiarán los azulejos y papeleras.
b) Se hará desincrustación enérgica del suelo y paredes.
c) Se utilizarán estropajos y cepillos de cerdas duras para el suelo.
d) Todas son correctas.

45. ¿Con qué bayeta se desinfectarán los colchones tras el alta de un paciente?

a) Azul.
b) Roja.
c) Amarilla.
d) No se desinfecta con bayeta.

46. Al hacer la cama tras el alta del paciente, ¿qué parte se cambiará?

a) Sábana.
b) Funda protectora de colchón.
c) Almohada.
d) Se cambiarán todas ellas.

47. ¿Qué se hará con el colchón tras el alta del paciente?

a) Cambiar por otro.
b) Limpiar y desinfectar.
c) Desechar.
d) Nada.

48. ¿Qué tipos de suciedad es el cemento?

a) Grasa.
b) Mineral.
c) Procedente de partículas que se desprenden del cuerpo.
d) Óxido.

49. ¿Con qué producto se elimina la grasa?

a) No tiene importancia la acidez.
b) Ácido.
c) Alcalino.
d) Neutro o ligeramente alcalino.

50. ¿Con qué producto se elimina la suciedad mineral?

a) Ácido.
b) Básico.
c) Neutro.
d) Lejía.

51. ¿Qué operación es correcta en la limpieza de aseos?

a) Se deberá aplicar después de la limpieza, si es necesario, lejía en una concentración al 2 %.
b) Se deberá aplicar después de la limpieza, si es necesario, peróxido de hidrógeno en una concentración al 2 %.
c) a) Se deberá aplicar después de la limpieza, si es necesario, lejía en una concentración al 12 %.
d) Todas son correctas.

52. De los elementos del cuarto de baño, ¿cuál se limpiará en último lugar?

a) Lavabo.
b) Bidé.
c) Bañera.
d) Inodoro.

53. ¿Para qué sirve la escobilla?

a) Para barrer.
b) Para frotar por dentro el lavabo.
c) Para frotar por dentro el inodoro.
d) Para frotar por dentro y por fuera el inodoro.

54. ¿Qué producto se utilizará para fregar el suelo del baño?

a) Detergente ácido.
b) Jabón.
c) Abrillantador.
d) Detergente-desinfectante.

55. ¿Cuántas veces se limpian los aseos públicos?

a) Una.
b) Diaria.
c) Dos.
d) Cuantas sea necesario en función de la ocupación.

56. ¿Qué es lo primero que se limpia en el aseo?

a) Lavabo.
b) Bidé.
c) Bañera.
d) Inodoro.

57. ¿Qué tipos de aseos públicos podemos encontrar?

a) Para mujeres.
b) Para hombres.
c) Para personas con discapacidad.
d) Todas las respuestas son correctas.

58. ¿A qué altura estará el lavabo en un aseo para personas con discapacidad?

a) 50 cm.
b) 70 cm.
c) 90 cm.
d) 1 m.

59. ¿Cuál de estas características corresponde a un aseo de personas con discapacidad?

a) Lavabo a altura de 90 cm., sin pie ni mueble, que permita el acercamiento y uso con silla de ruedas.
b) Grifos de accionamiento por giro.

c) Barras de apoyo a altura adecuada ancladas firmemente junto al inodoro.
d) Papel higiénico y accesorios cercanos al suelo.

60. ¿Qué es correcto sobre la limpieza de urinarios?

a) Se realizará de la misma forma que la limpieza de inodoros.
b) Es conveniente que la solución permanezca en el interior del urinario durante unos minutos.
c) Para la suciedad mineral se utilizará detergente ácido y después se tirará de la cadena.
d) Todas las respuestas son correctas.

61. ¿Cómo se realizará la limpieza de cuartos de baños y aseos?

a) En húmedo.
b) Realizando limpieza y desinfección simultáneamente.
c) Se fregará el suelo con el sistema de doble cubo.
d) Todas las respuestas son correctas.

62. ¿Qué característica de las siguientes tendrá un buen desinfectante?

a) Altamente soluble.
b) De olor desagradable.
c) No inocuo para la colectividad.
d) Corrosivo.

63. La limpieza de servicios:

a) Debe ser meticulosa.
b) Requiere el uso de guantes.
c) No es importante.
d) Son correctas la a) y la b).

64. La suciedad grasa o materia orgánica:

a) Es la suciedad diaria.
b) Requiere el uso de solución de detergente neutro.
c) Es así como se llama al sarro y óxido.
d) Son correctas la a) y la b).

65. En limpieza de servicios hay que tener en cuenta:

a) Limpiar de lo menos sucio a lo más sucio para evitar contaminaciones.
b) Utilizar muchos productos.
c) Preocuparse únicamente del suelo.
d) Ninguna es correcta.

66. En los servicios se debe:

a) Reponer el papel higiénico, jabón, toallas,...
b) Vaciar papeleras.
c) Dejar correr el agua de los urinarios...
d) Todas son correctas.

67. El detergente ácido:

a) Se empleará para quitar la suciedad de diario.
b) Sólo sirve para eliminar el óxido, sarro, cal,...
c) Se utilizará después de haber limpiado.
d) Son correctas la b) y la c).

68. En la limpieza de los servicios debemos tener en cuenta que hay dos tipos de suciedades, que son:

a) La grasa y la inorgánica.
b) La grasa y la sólida.
c) La grasa y la mineral.
d) Ninguna de las opciones anteriores es correcta.

69. Señala la opción incorrecta con respecto a las características que ha de tener un buen desinfectante:

a) No será inflamable.
b) Será estable en su almacenamiento.
c) De acción eficaz y rápida a temperatura ambiente.
d) Debe ser sensible a las variaciones de pH.

70. Indique los dos tipos de suciedad que debemos tener en cuenta a la hora de realizar un servicio de limpieza:

a) Grasa y Mineral.
b) Mineral y Ácida.
c) Grasa y Cemento.
d) Sarro y Grasa.

71. En cuanto a la limpieza de suciedad grasa, ¿es suficiente con agua?

a) Depende de la suciedad en la que nos encontremos.
b) Sí.
c) No, hace falta aplicar lejía.
d) No, se debe utilizar detergente neutro o ligeramente alcalino.

72. ¿Cuál es el porcentaje de lejía que se debe utilizar en la limpieza en el caso de que fuera necesario?

a) 3 %.
b) 2 %.
c) 4 %.
d) 1 %.

73. ¿Cuál es la función de la lejía en el servicio de limpieza?

a) Eliminación de malos olores.
b) Efecto bacteriostático.
c) Ninguna es correcta.
d) Blanqueante.

74. Indique qué operación de limpieza es el incorrecto:

a) Limpiar las paredes.
b) Limpiar los espejos.
c) Fregado con mopa y agua tibia, si fuera necesario.
d) Limpiar los lavabos.

75. Entre las operaciones que hay que hacer a la hora de limpiar, ¿se encuentra la limpieza de papeleras?

a) Sí.
b) No.
c) Siempre que sea necesario.
d) Siempre que a papelera se encuentre llena.

76. A la hora de realizar un servicio de limpieza, ¿es obligatoria la limpieza de los espejos?

a) No.
b) Sí.
c) Siempre y cuando el encargado lo ordene.
d). No es una operación obligatoria.

77. ¿Se considera la acción de rellenar los distribuidores de jabón, toallas, papel, etc., como operación obligatoria en cada servicio de limpieza?

a) No, ya que es opcional.
b) Sí.
c) Se rellenará cuando los dispositivos vacíos se encuentren vacíos.
d) Ninguna opción es correcta.

78. ¿Es la espátula un material necesario a la hora de realizar un servicio de limpieza?

a) Depende del servicio de limpieza que se vaya a hacer.
b) No.
c) Sí.
d) Es un material optativo.

79. Indique cuál que es el material necesario incorrecto:

a) Un par de guantes de goma.
b) Un estropajo.
c) Lejía.
d) Detergente neutro o ligeramente alcalino con pulverizador.

80. ¿Cuándo se realiza la suciedad mineral?

a) Antes de la suciedad grasa.
b) No hay orden fijo.
c) Después de la suciedad grasa.
d) Después de rociar lejía.

81. ¿Para qué se utiliza el detergente ácido?

a) Para penetrar bien en la mancha, de esa forma elimina al completo la suciedad.
b) Elimina el color del tejido.
c) Para eliminar la suciedad grasa.
d) Ninguna opción es correcta.

82. ¿Qué es lo primero que se hace a la hora de realizar una limpieza de aseo?

a) Vaciar papeleras.
b) Frotar y secar con estropajo o bayeta el lavabo, espejo, grifería, etc.
c) Fregar el suelo con detergente y desinfectante.
d) Ninguna opción es correcta.

83. ¿Es necesario la limpieza de pomos de las puertas y grifos?

a) No.
b) Siempre y cuando sea necesario.
c) Se realiza con una frecuencia semanal.
d) Sí.

84. Señala la frecuencia de limpieza es los aseos públicos:

a) Cada cinco horas.
b) Cuantas veces sea preciso en función de la ocupación de estos servicios.
c) Cada cuatro horas.
d) Cada seis horas.

85. Indique cuál de las acciones no se encuentra en el procedimiento de limpieza:

a) Secar bien la grifería.
b) Aclarar todos los sanita.
c) Reponer jabón, papel higiénico y papel de manos.
d) Ninguna opción es correcta.

86. ¿Para qué se usa la sal?

a) Impedir que se traspase los líquidos de limpieza.
b) Absorción de líquido en esquinas.
c) Para que funcione ópticamente el sistema de descalcificación del agua.
d) Ninguna es correcta.

87. ¿Cuál es el orden a la hora de la limpieza?

a) De menor suciedad a mayor suciedad.
b) De mayor suciedad a menor suciedad.
c) Limpiar primero lavabo y bañera antes que inodoro.
d) Primero limpiar bidé y posteriormente cambiar rollos de papel higiénico.

88. ¿Cuál es la división de los aseos públicos?

a) Mujeres y hombres.
b) Mujeres y hombres. El aseo de mujer se especializa a su vez para personas con discapacidad.
c) Mujeres, hombres y personas con discapacidad.
d) Mujeres, hombres y niños menores de 6 años. El aseo de los niños se especializa a su vez para personas con discapacidad.

89. Indique cuáles son las características estructurales de accesibilidad de los aseos para personas con discapacidad:

a) Barras de apoyo a la altura adecuada ancladas junto al inodoro.
b) Grifos de accionamiento por presión o palanca.
c) Color de los sanitarios que contraste con los paramentos.
d) Todas son correctas.

90. Cuando se realiza la limpieza de aseos para personas con discapacidad, ¿es necesario secar perfectamente las barras de apoyo?

a) Sí.
b) No.
c) No es necesario.
d) Depende del producto que utilicemos a la hora de su limpieza.

91. Cuando se limpia un urinario:

a) La solución limpiadora se aplica sobre todas las superficies exteriores, desagües y accesorios de los urinarios.
b) Es conveniente que la solución permanezca en el inodoro durante unos minutos, para aumentar su afectividad.
c) La solución limpiadora se aplicará con escobilla y se limpiarán los interiores del urinario.
d) Todas son correctas.

92. ¿Qué es necesario para la limpieza de sarro?

a) Jabón.
b) Detergente ácido.
c) Agua con detergente.
d) Ninguna es correcta.

93. En cuanto a los aseos con alta frecuentación:

a) Se realizará su limpieza cada dos horas.
b) Deberán encontrarse durante todo el día en perfecto estado de uso.
c) Se realizará como mínimo cuatro veces en turno de mañana y tres veces en turno de tarde.
d) Las opciones b) y c) son correctas.

94. Indique cuál de estas opciones no es correcta:

a) El vestuario de personal se limpiará dos veces por turno.
b) Se llevará el registro de limpiezas de vestuario de personal al igual que los aseos de alta frecuentación.
c) El aseo de otras dependencias se limpiará una vez al día.
d) El aseo de otras dependencias se limpiará cuantas veces precise.

95. Respecto a la ventilación de la cocina todo será cierto, excepto que:

a) Podrá ser natural.
b) Podrá ser artificial.
c) Tendrá siempre un sistema de renovación de aires.
d) Los flujos de aire irán desde las "zonas sucias" a las "zonas limpias".

96. ¿Qué actividades en la cocina deben mantener unas condiciones extremas de limpieza y sin riesgos para el paciente?

a) Lavado y pelado de verduras crudas.
b) La manipulación de carne cruda.
c) La elaboración de platos fríos.
d) La manipulación de pescado crudo.

97. ¿Qué requisito debe cumplir el sistema de cocina para su buen funcionamiento?

a) Separación de las zonas de trabajo.
b) Circuitos cortos.
c) Marcha adelante.
d) Todo lo anterior es cierto.

98. El concepto de "marcha adelante" en el sistema de cocina significa:

a) Que las tareas deben realizarse siempre en un orden, en un sentido de avance según áreas y siguiendo los caminos más cortos.
b) Que las tareas se realizarán independientemente de un orden, en un sentido de avance aunque sea necesario realizarlo en otras áreas y siguiendo los caminos más cortos.
c) Se pretende que los alimentos regresen hacia atrás, en algún punto del proceso, para llevar a cabo un control de calidad de las actividades efectuadas hasta ese momento, aunque sea un camino más largo.
d) Nada de lo anterior es cierto.

99. ¿Con que tipo de locales no pueden comunicar directamente las dependencias o instalaciones de la cocina?

a) Servicios higiénicos y aseos.
b) Vestuarios.
c) Plonge.
d) Con los indicados en las respuestas a) y b).

100. ¿Qué es correcto de la práctica en cocina de marcha adelante?

a) Se pretende con ella que los alimentos durante el proceso se crucen en las zonas sucia y limpia.
b) Cada proceso se realizará en varias zonas de la cocina.
c) Su práctica disminuye los riesgos de contaminación de alimentos (reacciones cruzadas).
d) Las tareas se realizarán independientemente de un orden, en un sentido de avance, aunque sea necesario realizarlo en otras áreas y siguiendo los caminos más cortos.

101. Mientras las bandejas pasan por el tren de lavado, los carros se someterán a un proceso de:

a) Prelavado.
b) Limpieza manual con detergente.
c) Desinfección química.
d) Limpieza automatizada con detergente.

102. El agua caliente con detergente para el lavado de la cubertería tendrá al menos una temperatura de:

a) 60 ºC.
b) 70 ºC.
c) 80 ºC.
d) 100 ºC.

103. ¿Qué elemento en el lavavajilla se emplea para que funcione óptimamente el sistema de descalcificación del agua?

a) Detergente.
b) Abrillantador.
c) Agua caliente.
d) Sal.

104. La limpieza de las cámaras frigoríficas ha de ser:

a) Diarias y una sola vez.
b) Diarias y tantas veces como sea necesario.
c) Cada tres días al menos.
d) Una vez a la semana es suficiente.

105. ¿A qué se les denomina también en cocina "timbres"?

a) Al silbato del Jefe de cocina.
b) A los lavavajillas.
c) A los armarios frigoríficos.
d) A las cámaras frigoríficas.

106. ¿Qué maquinaria o aparato de cocina requiere una limpieza frecuente?

a) Cafetera.
b) Termo.
c) Plancha.
d) Picadora de hielo.

107. ¿Qué es incorrecto en la limpieza de marmitas y rustideras fijas?

a) Deben quedar una vez limpios en perfecto estado para su próxima utilización.
b) No requiere de un secado posterior a su enjuague de limpieza.
c) Deben ser fregados y limpiados cada vez que se han utilizado.
d) Para su limpieza usar agua con detergente antigrasa, con abundante agua clara para el enjuague.

108. Los filtros de las campanas extractoras deben limpiarse al menos:

a) 2 veces al día.
b) 1 vez al día.
c) 1 vez a la semana o antes.
d) 1 vez al mes o antes.

109. El plonge es:

a) El fregadero de cocina.
b) El módulo generador de calor por debajo de la campana extractora.
c) Las marmitas.
d) Las rustideras fijas.

110. En el caso de emplear en cámaras o locales de almacenamiento aparatos o dispositivos, la cantidad en los mismos no debe sobrepasar nunca las:

a) 0,01 ppm.
b) 0,05 ppm.
c) 0,55 ppm.
d) 0,85 ppm.

111. ¿Qué es incorrecto de los servicios higiénicos y vestuarios?

a) Deben estar separados por sexos.
b) Las paredes serán de fácil limpieza y desinfección.
c) La antesala no debe llevar nunca lavabo.
d) El suelo ha de ser de fácil limpieza y desinfección.

112. A la hora de almacenar alimentos, ¿qué está prohibido?

a) Apilar las cajas.
b) El almacenamiento de productos alimenticios junto a cualquier sustancia tóxica, almacenar alimentos no aptos para el consumo junto a los que sí lo son, o alimentos que no estén correctamente etiquetados y precintados.
c) Almacenar productos por largos periodos de tiempo.
d) Utilizar almacenes sin refrigeración.

113. ¿Cómo se colocarán los alimentos cuando sólo se dispone de una cámara?

a) Las verduras arriba.
b) En la parte más baja los platos preparados.
c) Los platos elaborados arriba y los crudos más abajo.
d) Las carnes en la parte más alta.

114. ¿Cuál de los siguientes alimentos no necesita refrigeración?

a) La mermelada, que es una conserva de fruta.
b) El beicon, que es una conserva de carne.
c) El salmón ahumado, que es una conserva de pescado.
d) Cualquier semiconserva.

115. ¿A qué temperatura mínima deberá conservarse un pescado que se ha comprado congelado?

a) –40 ºC.
b) –18 ºC.
c) 0 ºC.
d) 3 ºC.

116. ¿Cuántas veces serán desinfectadas las cámaras de los almacenes frigoríficos?

a) Una al día.
b) Al inicio y al final de la jornada laboral.
c) Tantas como lo haga posible el almacenamiento de los productos alimenticios, aunque en su interior queden algunos alimentos.
d) Tantas como lo haga posible el almacenamiento de los productos alimenticios y siempre que queden vacías.

Solución al test n.º 7

1. a) Diariamente.

2. c) paredes, techos, lámparas del techo.

3. d) De arriba hacia abajo, de dentro hacia fuera, de lo más limpio a lo más sucio.

4. d) Todas son correctas.

5. b) No, ya que de esa tarea se ocupan los correspondientes profesionales.

6. b) Con bayeta de tela sin tejer impregnada de solución de detergente multiusos.

7. b) Con un paño humedecido en solución de detergente neutro.

8. c) Semanalmente.

9. d) Se realizará sacudiendo suavemente los teclados.

10. b) Con una bayeta de tela sin tejer humedecida en solución de detergente neutro.

11. d) Ninguna de las respuestas anteriores es correcta.

12. c) Una bayeta húmeda.

13. b) Productos antiestáticos.

14. d) Ninguna es correcta: esta limpieza será realizada por los profesionales del área.

15. a) Suelen cargarse de energía estática.

16. b) Suelos.

17. d) La planta completa.

18. c) Desincrustación del baño.

19. d) De la zona más limpia a la más sucia.

20. a) Espejo y repisa.

21. c) Roja.

22. c) Sistemas de iluminación de la cabecera de la cama.

23. d) Control de enfermería.

24. a) Sala de medicación.

25. a) Amarilla.

26. b) Vaciar la solución del soporte de la escobilla en el retrete y tirar de la cadena.

27. a) Aclarado de la desincrustación del baño.

28. d) No se usa la bayeta roja.

29. a) Sistemas de iluminación de la cabecera de la cama.

30. d) Las manillas de las puertas.

31. c) Por el fondo de la habitación.

32. d) Con mopa y fliselina.

33. d) Todas las respuestas son correctas.

34. c) A fondo.

35. b) La toma de oxígeno.

36. b) Evitar que se ventile la habitación.

37. a) La cama.

38. d) Desmontaje de rejillas del aire y limpieza.

39. d) Podrá realizarse en presencia de los pacientes, tomando precauciones.

40. a) Limpieza de cristales.

41. c) Limpieza de interior de armarios.

42. d) Todas las respuestas son correctas.

43. b) Cuando el paciente está ausente.

44. d) Todas son correctas.

45. a) Azul.

46. d) Se cambiarán todas ellas.

47. b) Limpiar y desinfectar.

48. b) Mineral.

49. d) Neutro o ligeramente alcalino.

50. a) Ácido.

51. a) Se deberá aplicar después de la limpieza, si es necesario, lejía en una concentración al 2 %.

52. d) Inodoro.

53. c) Para frotar por dentro el inodoro.

54. d) Detergente-desinfectante.

55. d) Cuantas sea necesario en función de la ocupación.

56. a) Lavabo.

57. d) Todas las respuestas son correctas.

58. b) 70 cm.

59. c) Barras de apoyo a altura adecuada ancladas firmemente junto al inodoro.

60. d) Todas las respuestas son correctas.

61. d) Todas las respuestas son correctas.

62. a) Altamente soluble.

63. d) Son correctas la a) y la b).

64. d) Son correctas la a) y la b).

65. a) Limpiar de lo menos sucio a lo más sucio para evitar contaminaciones.

66. d) Todas son correctas.

67. d) Son correctas la b) y la c).

68. c) La grasa y la mineral.

69. d) Debe ser sensible a las variaciones de pH.

70. a) Grasa y Mineral.

71. d) No, debemos utilizar detergente neutro o ligeramente alcalino.

72. b) 2 %.

73. b) Efecto bacteriostático y d) Blanqueante.

74. c) Fregado con mopa y agua tibia, si fuera necesario.

75. b) No.

76. b) Sí.

77. b) Si.

78. c) Sí

79. b) Lejía.

80. c) Después de la suciedad grasa.

81. a) Para penetrar bien en la mancha, de esa forma elimina al completo la suciedad.

82. d) Ninguna opción es correcta.

83. d) Sí.

84. b) Cuantas veces sea precioso en función de la ocupación de estos servicios.

85. d) Ninguna opción es correcta.

86. c) Para que funcione ópticamente el sistema de descalcificación del agua.

87. a) De menor suciedad a mayor suciedad.

88. c) Mujeres, hombres y personas con discapacidad.

89. d) Todas son correctas.

90. a) Sí.

91. d) Todas son correctas.

92. b) Detergente ácido.

93. d) Las opciones b) y c) son correctas.

94. a) El vestuario de personal se limpiará dos veces por turno.

95. d) Los flujos de aire irán desde las "zonas sucias" a las "zonas limpias".

96. c) La elaboración de platos fríos.

97. d) Todo lo anterior es cierto.

98. a) Que las tareas deben realizarse siempre en un orden, en un sentido de avance según áreas y siguiendo los caminos más cortos.

99. d) Con los indicados en las respuestas a) y b).

100. c) Su práctica disminuye los riesgos de contaminación de alimentos (reacciones cruzadas).

101. c) Desinfección química.

102. c) 80 ºC.

103. d) Sal.

104. b) Diarias y tantas veces como sea necesario.

105. c) A los armarios frigoríficos.

106. a) Cafetera.

107. b) No requiere de un secado posterior a su enjuague de limpieza.

108. c) 1 vez a la semana o antes.

109. a) El fregadero de cocina.

110. b) 0,05 ppm.

111. c) La antesala no debe llevar nunca lavabo.

112. b) El almacenamiento de productos alimenticios junto a cualquier sustancia tóxica, almacenar alimentos no aptos para el consumo junto a los que sí lo son, o alimentos que no estén correctamente etiquetados y precintados.

113. c) Los platos elaborados arriba y los crudos más abajo.

114. a) La mermelada, que es una conserva de fruta.

115. b) –18 ºC.

116. d) Tantas como lo haga posible el almacenamiento de los productos alimenticios y siempre que queden vacías.

TEST N.º 8

La limpieza de los distintos tipos de mobiliario, suelos, techos, paredes y ventanas

1. ¿Cuál es uno de los principales problemas asociados a la limpieza de grafitis?

a) Los grafitis son fáciles de eliminar sin necesidad de productos específicos.
b) La eliminación de grafitis puede resultar en un gasto considerable para quienes se encargan de la limpieza.
c) Los grafitis pueden eliminarse con agua y jabón.
d) Los grafitis se realizan con pinturas que no son perjudiciales para la superficie.

2. ¿Qué método se recomienda para limpiar manualmente una pintada de grafiti con pintura acrílica o esmalte?

a) Aplicar agua caliente sobre el grafiti y frotar con un trapo.
b) Aplicar un decapante adecuado, dejar aplicar 5-10 minutos frotar con un cepillo fuerte y usar una espátula para las zonas más difíciles.
c) Usar un disolvente de baja intensidad y limpiar inmediatamente.
d) Usar un limpiador general para eliminar las pintadas sin necesidad de productos específicos.

3. Cuál de los siguientes productos es adecuado para la limpieza de las paredes.

a) Detergente neutro, detergente alcalino, detergente ácido.
b) Lejía, amoniaco, suavizante.
c) Kh7, bicarbonato, ácido sulfúrico.
d) detergente líquido, detergente en polvo, detergente multiusos.

4. Cuál de las siguientes medidas es válida para evitar intoxicaciones

a) Colocar el cubo y la fregona de forma adecuada.
b) Utilizar guantes.
c) Utilizar escaleras homologadas.
d) mezclar productos de limpieza.

5. ¿Cuál es el procedimiento recomendado para la limpieza de techos falsos de manera manual?

a) Se utiliza una mopa húmeda con agua tibia y detergente neutro, limpiando en trazos verticales desde el centro hacia los bordes, sin repasar zonas ya limpieza.

b) Se emplea solo agua caliente para ablandar la suciedad, limpiando de abajo hacia arriba.

c) Se limpia con una mopa tratada químicamente, utilizando solo productos enzimáticos.

d) Se utiliza un chorro de agua con detergente alcalino, similar a la limpieza a máquina.

6. ¿Cuál de las siguientes características corresponde a las paredes pintadas con pintura plástica?

a) No son lavables, por lo que se deben repintar regularmente.

b) Son fáciles de mantener limpias debido a que la pintura plástica es lavable.

c) Se deben limpiar en seco para mantener su apariencia.

d) La pintura plástica es absorbente y porosa, lo que dificulta su limpieza.

7. Cuál de los siguientes tipos de pintura es conocido por su gran resistencia a la intemperie?

a) Al temple.

b) Al óleo.

c) Al silicato.

d) Martelé.

8. En el procedimiento de limpieza de paredes pintadas con pintura plástica, ¿qué se debe hacer después de aplicar la solución de detergente con agua tibia sobre la superficie?

a) Dejar que se seque de forma natural sin enjuagar.

b) Frotar con un trapo seco para eliminar el detergente.

c) Enjuagar varias veces con agua limpia y cambiar el agua del recipiente tantas veces como sea necesario.

d) Aplicar una capa de barniz para proteger la pintura.

9. En la limpieza de paredes de madera, ¿cuál es el material que se debe evitar al tratar las manchas?

a) Gamuza.

b) Producto capta polvo.

c) Bayeta humedecida.

d) Agua.

10. ¿Cuál es una de las principales ventajas de utilizar el sistema de limpieza con chorro de agua en comparación con el chorro de arena?

a) El chorro de agua es más agresivo, lo que permite una limpieza más profunda.
b) El chorro de agua puede utilizarse sobre casi cualquier material, excepto madera, y no daña las superficies.
c) El chorro de agua no requiere un suministro de energía eléctrica.
d) El chorro de agua es más costoso que el chorro de arena.

11. ¿Qué precaución se debe tener al utilizar una máquina hidrolimpiadora con agua caliente durante el proceso de limpieza?

a) Se debe trabajar siempre con guantes para evitar quemaduras con la boquilla.
b) El agua debe ser enfriada antes de aplicarla sobre las superficies.
c) Se debe usar una presión alta en todos los tipos de superficie, sin importar su dureza.
d) Es necesario aplicar disolventes junto con el agua para mejorar la limpieza.

12. ¿Qué se debe hacer si la limpieza con agua a presión no elimina toda la suciedad de una superficie porosa?

a) Aplicar disolventes directamente sobre el agua caliente.
b) Cambiar la boquilla de la hidrolimpiadora por una más potente.
c) Aumentar la temperatura del agua a más de 100 ºC.
d) Utilizar un producto específico llamado "quita sombras" para eliminar la suciedad incrustada.

13. ¿Cuál es la recomendación más adecuada para limpiar los filtros de aire en equipos de climatización?

a) Usar productos abrasivos para eliminar la suciedad incrustada.
b) Lavar los filtros con agua tibia y frotarlos suavemente con las manos o guantes, sin aplicar jabones fuertes.
c) Limpiar los filtros con agua caliente para asegurar una desinfección completa.
d) utilizar cepillos duros para eliminar la suciedad más fácil.

14. ¿Cuál de los siguientes materiales NO se debe usar para la limpieza de fachadas pintadas al temple o encaladas?

a) Agua caliente.
b) Disolventes como aguarrás o acetona.
c) Chorro de agua a presión.
d) Cepillo de púas duras.

15. ¿Cuál es la principal ventaja de la limpieza con chorro de agua sobre la limpieza con chorro de arena?

a) Es más agresiva y eficaz para materiales duros.
b) No requiere equipos especiales.
c) Puede utilizarse sobre cualquier material, excepto la madera.
d) No produce polvo durante el proceso.

16. ¿Qué producto se recomienda utilizar para eliminar carteles con adhesivos resistentes durante la limpieza manual?

a) Jabón neutro.
b) Un producto ácido o catiónico en el agua.
c) Agua con vinagre.
d) Solución de bicarbonato y agua.

17. ¿Qué precaución debe tomarse al realizar la limpieza con agua a presión sobre superficies porosas?

a) Se comenzará por la parte inferior y se irá subiendo hacia arriba.
b) Usar una temperatura superior a 80 ºC.
c) Evitar el uso de cualquier producto químico.
d) Usar agua fría para evitar daños.

18. ¿Qué procedimiento se recomienda si la limpieza con agua a presión no elimina las manchas en superficies porosas?

a) Aumentar la temperatura del agua.
b) Limpiar con chorro de arena.
c) Usar un cepillo metálico.
d) Usar un producto disolvente específico.

19. Para limpieza de superficies verticales disponemos de:

a) Escaleras.
b) Andamios.
c) Plataformas.
d) Todas son correctas.

20. ¿Cómo se eliminan las marcas de gotas de agua del espejo del baño?

a) Con agua y jabón.
b) Con agua solo.
c) Con agua y unas gotas de vinagre.
d) Con lejía.

21. ¿Con que producto se limpian los espejos?

a) Con lejía.
b) Con agua y jabón.
c) Con bicarbonato.
d) Un detergente ácido.

22. ¿Qué utensilio de los siguientes utilizaremos para quitar suciedad pegada a los cristales que es difícil de eliminar?

a) Un cepillo aspirante.
b) Un limpiacristales o rastrillo.
c) Un estropajo.
d) Un rasca-vidrios.

23. En la limpieza de cristales, indique cuál de las siguientes afirmaciones es incorrecta:

a) Los cristales deben limpiarse cuando les da el sol con el objeto de ver mejor las manchas.
b) Los cristales deben limpiarse de arriba hacia abajo.
c) Las manchas de insectos podemos eliminarlas más fácilmente con alcohol de quemar.
d) Cuando limpiemos cristales grandes lo haremos más fácilmente si utilizamos cepillos montados con tubos enlazados.

24. A la hora de eliminar la suciedad de los cristales, hay que tener en cuenta que:

a) Las manchas de pintura las quitaremos fácilmente con alcohol de quemar.
b) Los limpiaremos siempre de abajo hacia arriba.
c) Las manchas producidas por los insectos las eliminaremos con esencia de trementina.
d) Procuraremos no limpiarlos cuando el sol se refleje en ellos.

25. Los cristales de las puertas de entrada requieren una frecuencia de limpieza:

a) Quincenal.
b) Semestral.
c) Diaria.
d) Anual.

26. Indica la opción incorrecta. Cuando limpiemos en edificio donde exista personal trabajando debemos tener en cuenta:

a) Señalizar la zona mojada para evitar resbalones.
b) Usar uniformes e identificativos.
c) Ubicar el material en un lugar donde no estorbe.
d) Todas son correctas.

27. Los cristales de difícil acceso se limpiarán con una frecuencia orientativa de:

a) Quincenal.
b) Trimestral.
c) Anual.
d) Diaria.

28. Lo primero que tenemos que hacer en el montaje del restrillo para limpiar los cristales es:

a) Dejar entrar los dos dientes del muelle en cualquiera de las dos aberturas de la guía.
b) acoplar el mango en alguno de los lugares de la guía.
c) Apretar el muelle de acero en la parte inferior del mango.
d) Colocar el mango en la parte central de la guía, es la más usada.

29. Qué es un «Strip»:

a) Lavavidrios.
b) Máquina fregadora automática.
c) Rascador de vidrios.
d) Sistema de doble cubo para limpieza de suelos.

30. En la limpieza de ventanas grandes, que primer movimiento debemos hacer con el lavavidrios al empaparlo de agua:

a) En zip zap.
b) De arriba abajo.
c) A lo largo.
d) Es indiferente el movimiento.

31. Para dar el último toque a las ventanas grandes:

a) Colocaremos una gamuza en el extremo del tubo, limpiando a lo largo del borde y en los rincones para quitar eventuales gotas de agua.
b) Con el limpiacristales ligeramente inclinado, arrastre el agua horizontalmente hacia el borde derecho.
c) Cuando se aproxime al borde derecho, vigilar la guía del rastrillo hacia la derecha para que el extremo de su goma toque el borde lateral.
d) Después de cada pasada del rastrillo, escurra el limpiacristales suavemente con unos golpecitos sobre la parte aún mojada del cristal.

32. En el sistema de posicionamiento para la limpieza de ventanas se debe tener en cuenta:

a) Pasar de ventana a ventana por fuera del edificio.
b) Parar sobre el borde de la ventana, aunque esté resbaladizo, lleva zapatos de seguridad.

c) Una vez limpia la ventana, desconecte los dos extremos de la correa antes de entrar en el edificio.

d) Mantener los dos extremos de la correa conectados al punto de anclaje mientras se limpia la ventana.

33. En la limpieza de cristales indica que opción es incorrecta:

a) Se usa un rascador de vidrio para las manchas difíciles.
b) Se limpia siempre de derecha a izquierda.
c) Se limpia siempre de arriba abajo.
d) Se debe limpiar el cristal siempre cuando no le esté dando el sol.

34. El sistema de conexión al anclaje se compone de:

a) Dos líneas de trabajo.
b) Una línea de trabajo y una línea de seguridad.
c) Una línea de trabajo y dos líneas de seguridad.
d) Una sola línea de trabajo.

35. Indica cuál no es una parte de la cuerda tipo A de la norma UNE-EN 1891:

a) Alma.
b) Identificación.
c) Cuerpo.
d) Camisa.

36. De que tipo es el dispositivo de regulación de cuerda accionado manualmente que, cuando se engancha a una línea de trabajo, se bloquea bajo la acción de una carga en un sentido y desliza libremente en sentido opuesto:

a) A.
b) B.
c) C.
d) W.

37. ¿En qué posición se colocará el limpiacristales sobre la superficie del cristal para comenzar limpiar?

a) Horizontal.
b) Vertical.
c) Ligeramente inclinado a la derecha.
d) Es indiferente.

38. ¿En qué posición es más habitual colocar el mango del rastrillo limpiacristales?

a) Derecha.
b) Centro.
c) Izquierda.
d) Ligeramente a la derecha o izquierda, para que sea más fácil llegar a las esquinas.

39. Indique cuáles son los tipos de cristales según su composición y características:

a) Cristales lisos.
b) Cristales rollé.
c) Cristales con tratamiento específico.
d) Todas son correctas.

40. Las superficies acristaladas son:

a) Superficies difíciles de limpiar en general.
b) Normalmente, la dificultad se encuentra en las esquinas de las superficies.
c) Normalmente, la dificultad se encuentra en la forma en que se construyen los edificios que tenemos que limpiar.
d) Las opciones a) y c) son correctas.

41. Señale qué tipo de cristal no se encuentra en la clasificación para su limpieza:

a) Mamparas interiores.
b) Cristales rollé.
c) Espejos.
d) Puertas de entrada a edificios comerciales.

42. ¿Se encuentran los muros cortina en la clasificación de cristales para su limpieza?

a) No.
b) Sí, a los cuales sólo podemos acceder con góndola.
c) No, ya que pertenece al cristal rugoso.
d) No, porque tiene un tratamiento específico.

43. ¿Cuál es la frecuencia de limpieza de los cristales que se encuentren en las puertas de entrada?

a) Semanal.
b) Diaria.
c) Mensual.
d) Cada dos semanas.

44. Señale la frecuencia de limpieza de los cristales exteriores del edificio:

a) Diaria
b) Mensual
c) Dependiendo del edificio.
d) Las opciones b) y c) son correctas.

45. ¿Es importante el factor climatológico en la limpieza de cristales?

a) No.
b) Sí.
c) Depende de la limpieza que se vaya a realizar.
d) No, solo es importante los restos de las obras.

46. Indique cuáles son las herramientas para gestionar el tiempo:

a) Clarificación de nuestros objetivos e identificación de nuestros principales puntos de pérdidas de tiempo.
b) Eliminación de horas de ocio y aumento de las horas en el trabajo.
c) Ninguna es correcta.
d) Clarificación de nuestros objetivos y aumento de las horas en el trabajo.

47. A la hora de limpiar cristales:

a) Se debe tener en cuenta el orden en el lugar de trabajo.
b) Hay que prestar cuidado al inmobiliario.
c) Debemos prestar atención a los enseres que se encuentran a nuestro alrededor.
d) Todas son correctas.

48. Indique cuáles son los riesgos si no señalizamos el suelo, pasillo, superficie de tránsito y lugares de trabajo tras su limpieza:

a) Caídas al mismo y distinto nivel.
b) Choque contra objetos inmóviles.
c) Caída de objetos sobre personas.
d) Peligros adversos ante situaciones de emergencia.

49. Señale la opción correcta:

a) Hay que ventilar el espacio para no presentar contaminación en el aire.
b) El espacio debe ser alumbrado para evitar caídas, cansancio o fatiga visual.
c) El espacio debe presentar una señalización de seguridad si dependiendo del peligro al que podamos encontrarnos.
d) Todas son correctas.

50. Indique cuáles son las medidas que debe cumplir el empresario para optar las medidas necesarias de seguridad:

a) Normas de orden, limpieza y mantenimiento.
b) Vías y salidas de evacuación.
c) Condiciones de temperatura y humedad.
d) Todas son correctas.

51. Señale la opción correcta:

a) La frecuencia de limpieza de cristales en mamparas es diaria.
b) La frecuencia de limpieza de cristales de difícil acceso es trimestral.
c) La frecuencia de limpieza de cristales en puertas es semanal.
d) La frecuencia de limpieza de cristales exteriores es quincenal.

52. Indique el rendimiento de limpieza mensual en cristales pequeños:

a) 12-15 m² / hora.
b) 25-35.
c) No hay rendimiento específico.
d) 10 – 15 m² / hora.

53. El material básico para la limpieza de cristales es:

a) Mojadores.
b) Rastrillo.
c) Rascavidrios.
d) Todas son correctas.

54. ¿Es necesaria la espátula como material de limpieza básico?

a) Sí.
b) Siempre y cuando nos encontremos pequeños rincones complejos.
c) No.
d) Sí, a la hora de limpiar el filo de la ventana.

55. A la hora de limpieza de ventanas pequeñas:

a) Primero limpiamos el marco inferior de la fila más alta.
b) Primero humedecemos con una esponja la fila superior.
c) No hay un orden específico para realizar la limpieza de ventanas pequeñas.
d) Primero humedecemos con una esponja la fila inferior.

56. ¿Cuál es el propósito de la limpieza de ventanas grandes y en alturas en exteriores?

a) Conseguir calidad óptima.
b) Conseguir rentabilidad óptima.
c) Las opciones a) y b) son correctas.
d) Ninguna es correcta.

57. ¿Cuál de la siguiente maquinaria no se emplea para la limpieza de cristales y parámetros verticales en altura o de difícil acceso?

a) Andamio modular.
b) Escalera convertible dos tramos.
c) Escalera extensible dos tramos.
d) Andamio móvil.

58. Indique cuál de los siguientes dispositivos de regulación es el incorrecto.

a) Tipo A.
b) Tipo B.
c) Tipo C.
d) Tipo D.

59. Los suelos de linóleo:

a) Son suelos duros.
b) Son suelos sensibles a los productos alcalinos.
c) Son suelos porosos.
d) Son correctas las respuestas b) y c).

60. El granito:

a) Es un suelo duro.
b) No es poroso.
c) No cristaliza.
d) Todas son correctas.

61. Los suelos de goma:

a) Se pueden tratar con emulsiones.
b) Son suelos blandos.
c) Su mejor mantenimiento es con máquinas de alta velocidad (método spray).
d) Todas son correctas.

62. La madera y el corcho:

a) Se deberán fregar a diario con agua y detergente neutro.
b) Lo que más les daña es el agua.
c) Se deberán cristalizar.
d) Son suelos no porosos.

63. Las alfombras y textiles:

a) Son suelos porosos en tres dimensiones.
b) Lo que más les daña es el polvo.
c) Se deben aspirar a diario.
d) Todas son correctas.

64. ¿Qué tipo de suelos son una alfombra o una moqueta?

a) Suelos de cerámica.
b) Suelos textiles.
c) Suelos de linóleo.
d) Suelos termoplásticos.

65. ¿Cuál de los siguientes es un suelo duro?

a) Suelos de cerámica.
b) Suelos vinílicos.
c) Suelos de corcho.
d) Suelos de goma.

66. ¿Qué tipo detergente se emplea en el tratamiento de base con método spray de los suelos de PVC?

a) Alcalino.
b) Ácido.
c) Fuerte.
d) No se emplea detergente.

67. Las sillas tapizadas:

a) Se deberán aspirar.
b) Se limpiarán con bayeta y producto capta-polvo.
c) Se quitarán las manchas con espuma seca.
d) Son correctas la a) y la c).

68. Las sillas de piel o cuero:

a) Se utilizará champú para su limpieza.
b) El polvo se eliminará con bayeta y producto capta-polvo.
c) De vez en cuando se deberá nutrir con crema incolora.
d) Son correctas la b) y la c).

69. Las sillas tapizadas:

a) Se deberán aspirar.
b) Se limpiaran con bayeta y producto capta-polvo.
c) Se quitarán las manchas con espuma seca.
d) Son correctas la a) y la c).

70. La limpieza de las sillas tapizadas se realizará:

a) Diariamente.
b) Cada tres días.
c) Semanalmente.
d) Quincenalmente.

71. ¿Cómo se limpiarán los archivos de oficina?

a) Se limpiarán como el mobiliario lavable.
b) Se limpiarán como el mobiliario no lavable.
c) Se limpiarán diariamente.
d) Todas son correctas.

72. Un limpiador de oficinas necesitará, generalmente, tres bayetas, para:

a) Muebles lavables, muebles no lavables y tapicerías.
b) Cristales, madera y otros materiales.
c) Muebles lavables, muebles no lavables y otros elementos (por ejemplo, ceniceros).
d) La primera para mojar, la segunda para secar y la tercera para abrillantar.

73. El mop-sec que se usa para barrer entre muebles debe tener un ancho de:

a) 30 cm.
b) 1 m.
c) 75 cm.
d) 45 cm.

74. Las paredes lavables:

a) Se lavarán con agua y detergente neutro.
b) Se lavarán con agua y detergente ácido.
c) Se deberá eliminar el polvo de las mismas una vez al mes.
d) Todas son correctas.

75. Las limpiezas de fachadas se pueden realizar:

a) De forma manual.
b) De forma mecanizada.
c) No se limpian las fachadas.
d) Son correctas la a) y la b).

76. Para realizar una limpieza manual de fachadas:

a) Se humedecerán los papeles y carteles pegados a la superficie y se dejará actuar un rato.
b) Se raspan directamente sin mojar.
c) A veces hay que añadir al agua un poco de cal.
d) Se pulen con pulidora de mano.

77. La limpieza mecánica de fachadas se hará:

a) Con agua a presión.
b) Con chorro de arena.
c) Son correctas la a) y la b).
d) Ninguna es correcta.

78. La limpieza de fachadas con chorro de agua:

a) Se realiza siempre con agua fría.
b) El chorro de agua se debe trabajar de arriba a abajo para evitar salpicaduras.
c) La presión y la temperatura variarán según el material de que esté compuesta la superficie.
d) Todas son correctas.

79. Los grafitis:

a) Son pinturas que se realizan en las paredes con rotuladores o sprays.
b) Suelen llevar la firma de la persona que lo hace o bien dibujos.
c) Normalmente se realizan con tinta o pintura.
d) Todas son correctas.

80. Para limpieza de superficies verticales disponemos de:

a) Escaleras.
b) Andamios.
c) Plataformas.
d) Todas son correctas.

81. En la limpieza de paredes, el detergente alcalino se usará en proporción:

a) No superior al 1 % para limpieza de paredes con grasa.
b) No superior al 2 % para limpieza de paredes con grasa.
c) No superior al 3 % para limpieza de paredes con grasa.
d) No superior al 2 % para limpieza de paredes sin grasa.

82. Para el mantenimiento de textiles en paredes se usará:

a) Percloroetileno.
b) Amoniaco.
c) Champú para limpieza de textiles.
d) Las opciones a) y c) son correctas.

83. Señala la afirmación incorrecta en relación con el mantenimiento de las paredes de madera:

a) El agua deteriora la madera, por tanto, evitaremos mojarla.
b) Se pulveriza el mop-sec con producto capta-polvo al menos 10 minutos antes de su utilización.
c) Se procede a pasar el mop-sec por la madera para quitar el polvo.
d) Si quedara alguna mancha, se humedecerá una bayeta y se procederá a quitarlas manualmente.

84. ¿Cómo se eliminan las mancha del roce de las suelas de los zapatos en la pared no lavable?

a) Con agua y jabón.
b) Con una cuchilla.
c) Con goma de borrar.
d) Con lejía.

85. ¿Cómo se limpiarán las paredes empapeladas?

a) Se deberá eliminar el polvo de las mismas una vez al mes.
b) Se limpiarán diariamente con agua y jabón.
c) Se lavarán una vez al mes con un producto para textil en seco.
d) No se limpian.

86. ¿Para la limpieza de acero en puertas qué tipo de bayeta utilizaremos?

a) Bayeta suave de limpieza.
b) Bayeta azul.
c) Es indiferente.
d) No se utiliza bayeta.

87. ¿Cuándo se limpiarán los zócalos?

a) Antes de la pared.
b) Después de la pared.
c) Después del suelo.
d) A la vez que el suelo.

88. ¿Con qué se quitan las manchas de la pintura plástica en una pared?

a) Con agua.
b) En seco.
c) Con trementina.
d) Con percloroetileno.

89. Las paredes de pinturas al temple:

a) Se deben limpiar en seco.
b) Se limpian a través de un lavado y lejiado.
c) Se utilizan pulverizadores sin frotar.
d) Solo se limpian con paños secos.

90. Señala la mejor técnica para eliminar manchas en una pared empapelada:

a) Con goma de borrar o con una bola de miga de pan.
b) Con un rascador.
c) Con un cepillo de cerdas duras.
d) Con un cepillo de cerdas semirrígidas.

91. Indique que afirmación es correcta en relación con a la limpieza de paredes pintadas:

a) Para limpiar una pared pintada es indiferente con qué tipo de pintura se han pintado.
b) Debe lavarse sin haber retirado previamente el polvo para una mayor higiene.
c) Tras el fregado de la pared debe secarse con una trapo seco.
d) No debe enjuagarse más de una vez la esponja o bayeta que se utilice.

92. ¿Cuál de los siguientes tipos de paredes requieren para su lavado un detergente especial y una espuma especial, respectivamente?

a) Entelada y de pintura.
b) Empapelada y de cerámica.
c) De madera y entelada.
d) De pintura y de madera.

93. ¿Con qué frecuencia se procederá a la limpieza de las superficies próximas a las tomas de aire acondicionado?

a) Diariamente.
b) Semanalmente.
c) Cada quince días.
d) Mensualmente.

94. ¿Qué método utilizaría para eliminar manchas de una pared textil?

a) Frotación.
b) Arrastre.
c) Abrasión.
d) Tamponación.

95. ¿Qué utilizaría para limpiar manualmente un techo?

a) Mopa húmeda.
b) Bomba de aspiración.
c) Hidrolimpiadora.
d) Plumero.

96. ¿Con qué se limpiaría el sistema de detección de alarmas?

a) Con agua y jabón.
b) Con aire a presión.
c) Con desinfectante.
d) Con plumero.

97. ¿Qué orden de limpieza es correcto?

a) Techo, pared, suelo.
b) Techo, suelo, pared.
c) Pared, techo, suelo.
d) Suelo, pared, techo.

Solución al test n.º 8

1. b) La eliminación de grafitis puede resultar en un gasto considerable para quienes se encargan de la limpieza.

2. b) Aplicar un decapante adecuado, dejar aplicar 5-10 minutos frotar con un cepillo fuerte y usar una espátula para las zonas más difíciles.

3. a) Detergente neutro, detergente alcalino, detergente ácido.

4. b) Utilizar guantes.

5. a) Se utiliza una mopa húmeda con agua tibia y detergente neutro, limpiando en trazos verticales desde el centro hacia los bordes, sin repasar zonas ya limpieza.

6. b) Son fáciles de mantener limpias debido a que la pintura plástica es lavable.

7. c) Al silicato.

8. c) Enjuagar varias veces con agua limpia y cambiar el agua del recipiente tantas veces como sea necesario.

9. d) Agua.

10. b) El chorro de agua puede utilizarse sobre casi cualquier material, excepto madera, y no daña las superficies.

11. a) Se debe trabajar siempre con guantes para evitar quemaduras con la boquilla.

12. d) Utilizar un producto específico llamado "quita sombras" para eliminar la suciedad incrustada.

13. b) Lavar los filtros con agua tibia y frotarlos suavemente con las manos o guantes, sin aplicar jabones fuertes.

14. b) Disolventes como aguarrás o acetona.

15. c) Puede utilizarse sobre cualquier material, excepto la madera.

16. b) Un producto ácido o catiónico en el agua.

17. a) Se comenzará por la parte inferior y se irá subiendo hacia arriba.

18. d) Usar un producto disolvente específico.

19. d) Todas son correctas.

20. c) Con agua y unas gotas de vinagre.

21. b) Con agua y jabón.

22. d) Un rasca-vidrios.

23. a) Los cristales deben limpiarse cuando les da el sol con el objeto de ver mejor las manchas.

24. d) Procuraremos no limpiarlos cuando el sol se refleje en ellos.

25. c) Diaria.

26. d) Todas son correctas.

27. b) Trimestral.

28. c) Apretar el muelle de acero en la parte inferior del mango.

29. a) Lavavidrios.

30. c) A lo largo.

31. a) Colocaremos una gamuza en el extremo del tubo, limpiando a lo largo del borde y en los rincones para quitar eventuales gotas de agua.

32. d) mantener los dos extremos de la correa conectados al punto de anclaje mientras se limpia la ventana.

33. b) Se limpia siempre de derecha a izquierda.

34. b) Una línea de trabajo y una línea de seguridad.

35. c) Cuerpo.

36. b) B.

37. c) Ligeramente inclinado a la derecha.

38. b) Centro.

39. d) Todas son correctas.

40. d) Las opciones a) y c) son correctas.

41. c) Espejos.

42. b) Sí, a los cuales sólo podemos acceder con góndola.

43. b) Diaria.

44. d) Las opciones b) y c) son correctas

45. b) Sí.

46. a) Clarificación de nuestros objetivos e identificación de nuestros principales puntos de pérdidas de tiempo.

47. d) Todas son correctas.

48. a) Caídas al mismo y distinto nivel.

49. d) Todas son correctas.

50. d) Todas son correctas.

51. b) La frecuencia de limpieza de cristales de difícil acceso es trimestral.

52. a) 12-15 m2 / hora.

53. d) Todas son correctas.

54. c) No.

55. b) Primero humedecemos con una esponja la fila superior.

56. c) Las opciones a) y b) son correctas.

57. d) Andamio móvil.

58. d) Tipo D.

59. b) Son suelos sensibles a los productos alcalinos.

60. d) Todas son correctas.

61. d) Todas son correctas.

62. b) Lo que más les daña es el agua.

63. b) Lo que más les daña es el polvo.

64. b) Suelos textiles.

65. a) Suelos de cerámica.

66. a) Alcalino.

67. d) Son correctas la a) y la c).

68. d) Son correctas la b) y la c).

69. d) Son correctas la a) y la c).

70. d) Quincenalmente.

71. a) Se limpiarán como el mobiliario lavable.

72. c) Muebles lavables, muebles no lavables y otros elementos (por ejemplo, ceniceros).

73. d) 45 cm.

74. a) Se lavarán con agua y detergente neutro.

75. d) Son correctas la a) y la b).

76. a) Se humedecerán los papeles y carteles pegados a la superficie y se dejará actuar un rato.

77. c) Son correctas la a) y la b).

78. c) La presión y la temperatura variarán según el material de que esté compuesta la superficie.

79. d) Todas son correctas.

80. d) Todas son correctas.

81. b) No superior al 2 % para limpieza de paredes con grasa.

82. d) Las opciones a) y c) son correctas.

83. b) Se pulveriza el mop-sec con producto capta-polvo al menos 10 minutos antes de su utilización.

84. c) Con goma de borrar.

85. a) Se deberá eliminar el polvo de las mismas una vez al mes.

86. a) Bayeta suave de limpieza.

87. b) Después de la pared.

88. a) Con agua.

89. a) Se deben limpiar en seco.

90. a) Con goma de borrar o con una bola de miga de pan.

91. c) Tras el fregado de la pared debe secarse con una trapo seco.

92. c) De madera y entelada.

93. b) Semanalmente.

94. d) Tamponación.

95. a) Mopa húmeda.

96. b) Con aire a presión.

97. a) Techo, pared, suelo.

TEST N.º 9

Componentes tóxicos y peligrosos de los productos de limpieza. Buenas prácticas ambientales. Aspectos ecológicos en la limpieza. Eliminación de residuos. Reciclaje

1. ¿Qué problemas origina la basura orgánica?

a) Son un medio ideal para la multiplicación de los microorganismos.
b) Atraen frecuentemente insectos, roedores y otros animales que ayudan a la propagación de algunas enfermedades.
c) Empiezan a descomponerse en poco tiempo y generan mal olor.
d) Todas las respuestas son correctas.

2. ¿Cómo se clasifican los residuos generados en la cocina de un centro público?

a) Urbanos.
b) Sanitarios urbanos.
c) Sanitarios asimilables a urbanos.
d) Citotóxicos y biosanitarios.

3. ¿Cuál de las siguientes afirmaciones no es correcta?

a) Los desperdicios de alimentos y de otro tipo podrán acumularse en locales por los que circulen alimentos.
b) Los desperdicios de alimentos y de otro tipo se depositarán en contenedores provistos de cierre, a menos que la autoridad competente permita el uso de otros contenedores.
c) Los depósitos de desperdicios estarán diseñados de forma que puedan mantenerse limpios e impedir el acceso de insectos y otros animales indeseables y la contaminación de los alimentos, del agua potable, del equipo o de los locales.
d) Las opciones a) y c) no son correctas.

4. ¿Qué son los envases?

a) Recipientes que se utilizan para acumular directamente los residuos.
b) Recipientes que se utilizan para acumular bolsas.
c) Contenedores.
d) Las opciones b) y c) son correctas.

5. ¿Qué características tendrán los contenedores de basura?

a) Impermeables.
b) De fácil limpieza.
c) Con tapa de cierre hermético.
d) Todas las respuestas son correctas.

6. ¿Qué requisitos debe cumplir el traslado interno de los residuos?

a) Supondrá un riesgo para el personal.
b) No se trasvasarán residuos de un envase a otro.
c) Los circuitos utilizados no serán de uso exclusivo.
d) Todas las respuestas son correctas.

7. ¿Qué afirmación es correcta?

a) Los depósitos intermedios para residuos no tendrán salida al exterior para evitar el acceso de personas no autorizadas.
b) Los depósitos intermedios serán refrigerados para evitar la proliferación de microorganismos.
c) Los depósitos intermedios no dispondrán de ventilación para evitar la propagación de olores.
d) Todas las afirmaciones anteriores son correctas.

8. ¿Qué se debe hacer con los aceites usados?

a) Deben recogerse en recipientes metálicos especiales para su posterior incineración.
b) Se tirarán por el desagüe.
c) No son contaminantes, por lo que no requieren ningún tratamiento especial.
d) Se depositan en los vertederos.

9. ¿Qué características tendrán los contenedores de residuos alimenticios?

a) Impermeables.
b) Con tapa de cierre hermético.
c) Con sistema de apertura por pedal.
d) Todas las respuestas son correctas.

10. ¿Qué es falso sobre los depósitos intermedios de residuos?

a) Serán refrigerados.
b) Tendrán entrada desde la cocina y salida al exterior.
c) Es el lugar donde se llevará a cabo la destrucción de los residuos.
d) Las opciones a) y b) son falsas.

11. ¿Cómo serán los circuitos utilizados para el traslado interno de residuos?

a) Exclusivos.
b) Separados de las vías para público.
c) De un solo sentido.
d) Las opciones a) y b) son correctas.

12. ¿Cómo puede eliminarse los residuos sólidos asimilables a urbanos?

a) Triturándolos en vertederos controlados.
b) Depositándolos en vertederos incontrolados.
c) Por incineración.
d) Todas las respuestas son correctas.

13. La Ley de residuos y suelos contaminados para una economía circular tiene por objeto:

a) Regular el régimen jurídico aplicable a la puesta en el mercado de productos en relación con el impacto en la gestión de sus residuos.
b) Regular el régimen jurídico de la prevención, producción y gestión de residuos, incluyendo el establecimiento de instrumentos económicos aplicables en este ámbito.
c) Regular el régimen jurídico aplicable a los suelos contaminados.
d) Todas las respuestas anteriores son correctas.

14. La Ley de residuos y suelos contaminados para una economía circular es de aplicación:

a) A los residuos radiactivos.
b) A las materias fecales, paja y otro material natural, agrícola o silvícola, no peligroso, utilizado en explotaciones agrícolas y ganaderas, en la silvicultura o en la producción de energía a base de esta biomasa, mediante procedimientos o métodos que no pongan en peligro la salud humana o dañen el medio ambiente.
c) A todo tipo de residuos, con algunas exclusiones.
d) A los explosivos desclasificados.

15. La Ley 7/2022, de 8 de abril, será aplicable:

a) A los cadáveres de animales que hayan muerto de forma diferente al sacrificio, incluidos los que han sido muertos con el fin de erradicar epizootias.
b) A los subproductos animales y sus productos derivados, cuando se destinen a la incineración, a los vertederos o sean utilizados en una planta de digestión anaerobia, de compostaje o de obtención de combustibles.
c) A las aguas residuales.
d) A los residuos resultantes de la prospección, de la extracción, del tratamiento o del almacenamiento de recursos minerales, así como de la explotación de canteras.

16. Se excluirán del ámbito de aplicación de la Ley 7/2022, de 8 de abril, los sedimentos reubicados en el interior de las aguas superficiales a efectos de gestión de las aguas y de las vías navegables, de prevención de las inundaciones o de mitigación de los efectos de las inundaciones y de las sequías, o de creación de nuevas superficies de terreno, si se demuestra:

a) Que dichos sedimentos son residuos.
b) Que dichos sedimentos no son residuos.
c) Que dichos sedimentos no son peligrosos.
d) Ninguna de las respuestas anteriores es correcta.

17. A los efectos de la Ley 7/2022, de 8 de abril, de residuos y suelos contaminados para una economía circular, se entenderá por residuo:

a) Cualquier sustancia que su poseedor deseche.
b) Cualquier objeto que su poseedor tenga la intención de desechar.
c) Cualquier sustancia que su poseedor tenga la obligación de desechar.
d) Todas las respuestas son correctas.

18. No se considera un residuo doméstico:

a) Los residuos que se generan en los hogares de aparatos eléctricos y electrónicos, ropa, pilas, acumuladores, muebles y enseres.
b) Los residuos y escombros procedentes de obras menores de construcción y reparación domiciliaria.
c) Los residuos generados en los hogares, servicios e industrias, como consecuencia de las actividades domésticas.
d) Los residuos generados por la actividad propia del comercio, al por mayor y al por menor, de los servicios de restauración y bares, de las oficinas y de los mercados, así como del resto del sector servicios.

19. Los residuos procedentes de limpieza de vías públicas, zonas verdes, áreas recreativas y playas, tendrán la consideración de:

a) Residuos comerciales.
b) Residuos industriales.
c) Residuos domésticos.
d) Residuos peligrosos.

20. Son residuos industriales:

a) Los vehículos abandonados.
b) Los residuos que se generan en los hogares de aparatos eléctricos y electrónicos, ropa, pilas, acumuladores, muebles y enseres.

c) Los residuos generados por la actividad propia del comercio, al por mayor y al por menor, de los servicios de restauración y bares, de las oficinas y de los mercados, así como del resto del sector servicios.

d) Los residuos resultantes de los procesos de producción, fabricación, transformación, utilización, consumo, limpieza o mantenimiento generados por la actividad industrial como consecuencia de su actividad principal.

21. Los animales domésticos muertos, tienen la consideración de:

a) Residuos domésticos.
b) Residuos comerciales.
c) Residuos industriales.
d) No tienen la consideración de residuo.

22. El residuo peligroso:

a) Es aquel que presenta una o varias características peligrosas.
b) Es aquel que puede aprobar el Gobierno de conformidad con lo establecido en la normativa europea o en los convenios internacionales de los que España sea parte.
c) Los recipientes y envases que hayan contenido residuos peligrosos.
d) Todas las respuestas son correctas.

23. Los vehículos abandonados tienen la consideración de:

a) Residuos comerciales.
b) Residuos domésticos.
c) Residuos industriales.
d) Residuos peligrosos.

24. Se consideran aceites usados todos los aceites industriales o de lubricación, de origen mineral, natural o sintético, que hayan dejado de ser aptos para el uso originalmente previsto. Entre ellos no se encuentran:

a) Los aceites usados de motores de combustión y los aceites de cajas de cambios.
b) Los aceites usados en el entorno doméstico.
c) Los aceites lubricantes.
d) Los aceites para turbinas y los aceites hidráulicos.

25. Se considera biorresiduo:

a) Los residuos alimenticios y de cocina procedentes de hogares.
b) Los residuos alimenticios y de cocina procedentes de restaurantes y servicios de restauración colectiva.
c) Los residuos alimenticios y de cocina procedentes de establecimientos de venta al por menor.
d) Todas las respuestas anteriores son correctas.

26. La Ley 7/2022, de 8 de abril, define «prevención» al conjunto de medidas adoptadas en la fase de concepción y diseño, de producción, de distribución y de consumo de una sustancia, material o producto para reducir:

a) La cantidad de residuo, incluso mediante la reutilización de los productos o el alargamiento de la vida útil de los productos.

b) Los impactos adversos sobre el medio ambiente y la salud humana de los residuos generados, incluyendo el ahorro en el uso de materiales o energía.

c) El contenido de sustancias nocivas en materiales y productos.

d) Todas las respuestas anteriores son correctas.

27. No se incluye en la definición de «productor de residuos»:

a) Las personas físicas o jurídicas que estén en posesión de residuos.

b) Cualquier persona física cuya actividad produzca residuos (productor inicial de residuos).

c) Cualquier persona que efectúe operaciones de tratamiento previo, de mezcla o de otro tipo, que ocasionen un cambio de naturaleza o de composición de esos residuos.

d) Cualquier persona jurídica cuya actividad produzca residuos (productor inicial de residuos).

28. A toda persona física o jurídica que organiza la valorización o la eliminación de residuos por encargo de terceros, se define por la Ley 7/2022, de 8 de abril, como:

a) Productor de residuos.

b) Negociante.

c) Agente.

d) Poseedor de residuos.

29. Toda persona física o jurídica que actúe por cuenta propia en la compra y posterior venta de residuos, se define por la Ley 7/2022, de 8 de abril, como:

a) Productor de residuos.

b) Negociante.

c) Agente.

d) Poseedor de residuos.

30. Según la Ley 7/2022, de 8 de abril, ¿qué se entiende por «recogida»?

a) La recogida, el transporte y tratamiento de los residuos, incluida la vigilancia de estas operaciones, así como el mantenimiento posterior al cierre de los vertederos, incluidas las actuaciones realizadas en calidad de negociante o agente.

b) Cualquier operación mediante la cual productos o componentes de productos que no sean residuos se utilizan de nuevo con la misma finalidad para la que fueron concebidos.

c) La operación consistente en el acopio, la clasificación y almacenamiento iniciales de residuos, de manera profesional, con el objeto de transportarlos posteriormente a una instalación de tratamiento.

d) Las operaciones de valorización o eliminación, incluida la preparación anterior a la valoración o eliminación.

31. La recogida en la que un flujo de residuos se mantiene por separado, según su tipo y naturaleza, para facilitar un tratamiento específico se define como:

a) Gestión de residuos.
b) Tratamiento.
c) Recogida separada.
d) Reutilización.

32. Indique cuál de las siguientes es una operación de valorización consistente en la comprobación, limpieza o reparación, mediante la cual productos o componentes de productos que se hayan convertido en residuos se preparan para que puedan reutilizarse sin ninguna otra transformación previa:

a) Preparación para la reutilización.
b) Reciclado.
c) Reutilización.
d) Eliminación.

33. ¿Cuál de las siguientes definiciones se relaciona con el «reciclado»?

a) Cualquier operación de reciclado que permita producir aceites de base mediante el refinado de aceites usados, en particular mediante la retirada de los contaminantes, los productos de la oxidación y los aditivos que contengan dichos aceites.

b) Cualquier operación que no sea la valorización, incluso cuando la operación tenga como consecuencia secundaria el aprovechamiento de sustancias o energía.

c) Toda operación de valorización mediante la cual los materiales de residuos son transformados de nuevo en productos, materiales o sustancias, tanto si es con la finalidad original como con cualquier otra finalidad.

d) La operación de valorización consistente en la comprobación, limpieza o reparación, mediante la cual productos o componentes de productos que se hayan convertido en residuos se preparan para que puedan reutilizarse sin ninguna otra transformación previa.

34. La operación de reciclado incluye:

a) La transformación del material orgánico.
b) La valorización energética.
c) La transformación en materiales que se vayan a usar como combustibles.
d) Las operaciones de relleno.

35. ¿Qué concepto se vincula con la siguiente definición: material orgánico higienizado y estabilizado obtenido a partir del tratamiento controlado biológico aerobio y termófilo de residuos biodegradables recogidos separadamente?

a) Suelo contaminado.
b) Material bioestabilizado.
c) Compost.
d) Aceite usado.

36. Señala cuál de las siguientes opciones son incorrectas. Una sustancia u objeto, resultante de un proceso de producción, cuya finalidad primaria no sea la producción de esa sustancia u objeto, puede ser considerada como subproducto y no como residuo, cuando se cumplan cuatro condiciones:

a) Que se tenga la seguridad de que la sustancia u objeto va a ser utilizado ulteriormente.
b) Que la sustancia u objeto se tenga que someter a una transformación ulterior distinta de la práctica industrial habitual.
c) Que la sustancia u objeto se produzca como parte integrante de un proceso de producción.
d) Que el uso ulterior cumpla todos los requisitos pertinentes relativos a los productos así como a la protección de la salud humana y del medio ambiente, sin que produzca impactos generales adversos para la salud humana o el medio ambiente.

37. ¿Qué ley ha venido a derogar la nueva Ley 7/2022, de 8 de abril, de residuos y suelos contaminados para una economía circular?

a) La Ley 37/2009, de 17 de enero, de residuos y suelos contaminados.
b) La Ley 33/2010, de 9 de abril, de residuos y suelos contaminados.
c) La Ley 5/2011, de 30 de septiembre, de residuos y suelos contaminados.
d) La Ley 22/2011, de 28 de julio, de residuos y suelos contaminados.

38. La Ley 7/2022, de 8 de abril, de residuos y suelos contaminados para una economía circular, no es aplicable a:

a) Los explosivos desclasificados.
b) Los suelos contaminados.
c) Los productos fabricados con plástico oxodegradable.
d) Los artes de pesca que contienen plásticos.

39. A tenor de la Ley 7/2022, de 8 de abril, la persona física o jurídica, pública o privada, registrada mediante autorización o comunicación que realice cualquiera de las operaciones que componen la gestión de los residuos, sea o no el productor de los mismos, se define como:

a) Negociante.
b) Gestor de residuos.

c) Manipulador de residuos.
d) Intermediario.

40. ¿Cómo define la Ley de residuos y suelos contaminados para una economía circular a toda persona física o jurídica que actúe por cuenta propia en la compra y posterior venta de residuos, incluidas aquellas que no tomen posesión física de los residuos?

a) Negociante.
b) Tratante.
c) Manipulador de residuos.
d) Intermediario.

41. Toda operación de valorización en la que se utilizan residuos no peligrosos aptos para fines de regeneración en zonas excavadas o para obras de ingeniería paisajística, se denomina en la nueva Ley de residuos y suelos contaminados para una economía circular como:

a) Relleno.
b) Colmado.
c) Picado.
d) Batido.

42. Cualquier operación cuyo resultado principal sea que el residuo sirva a una finalidad útil al sustituir a otros materiales, que de otro modo se habrían utilizado para cumplir una función particular o que el residuo sea preparado para cumplir esa función en la instalación o en la economía en general, es definida por la Ley 7/2022, de 8 de abril, como:

a) Valorización.
b) Tratamiento.
c) Biotransformación.
d) Biotratamiento.

43. Cualquier operación mediante la cual productos o componentes de productos que no sean residuos se utilizan de nuevo con la misma finalidad para la que fueron concebidos, es denominada en la Ley de residuos y suelos contaminados para una economía circular como:

a) Biotransformación.
b) Valorización.
c) Reutilización.
d) Reciclaje.

44. La Ley 7/2022, de 8 de abril, de residuos y suelos contaminados para una economía circular, define como residuos domésticos a:

a) Los residuos peligrosos generados en los hogares como consecuencia de las actividades domésticas.

b) Los similares en composición y cantidad a los residuos peligrosos o no peligrosos generados en los hogares como consecuencia de las actividades domésticas generados en servicios e industrias, que no se generen como consecuencia de la actividad propia del servicio o industria.

c) Los residuos no peligrosos generados en los hogares como consecuencia de las actividades domésticas.

d) Todas las respuestas son correctas.

45. ¿Cómo define la Ley 7/2022, de 8 de abril, a cualquier sustancia u objeto que su poseedor deseche o tenga la intención o la obligación de desechar?

a) Resto.
b) Sobrante.
c) Despojo.
d) Residuo.

46. ¿Qué consideración otorga la Ley 7/2022, de 8 de abril, a los residuos procedentes de los servicios de restauración y bares?

a) Residuos industriales.
b) Residuos domésticos.
c) Residuos agrarios y silvícolas.
d) Residuos comerciales.

47. Los residuos peligrosos del hogar y residuos voluminosos, incluidos los colchones y los muebles, tienen la consideración en la Ley 7/2022, de 8 de abril, de residuos y suelos contaminados para una economía circular, de:

a) Residuos municipales.
b) Residuos industriales.
c) Residuos domésticos.
d) Residuos comerciales.

48. Los escombros procedentes de obras menores de construcción y reparación domiciliaria, tienen la consideración en la Ley 7/2022, de 8 de abril, de residuos y suelos contaminados para una economía circular, de:

a) Residuos industriales.
b) Residuos municipales.
c) Residuos de construcción y demolición.
d) Residuos domésticos.

49. Según su procedencia, los residuos pueden ser:

a) Residuos urbanos o domésticos.
b) Residuos agrícolas, ganaderos y forestales.
c) Residuos hospitalarios y sanitarios.
d) Todas son correctas.

50. Según el destino que deben tener los residuos, se clasifican en:

a) Reciclables.
b) Biodegradable.
c) No biodegradable.
d) Ninguna es correcta.

51. Señale cuál de las siguientes afirmaciones es correcta:

a) Se transportarán por los espacios de servicio hasta el lugar previsto para verter los residuos, y su posterior limpieza integral de los elementos reutilizables.
b) Los carros no pasan a un recinto estanco donde son desinfectados (generalmente con vapor a 140º).
c) La vajilla, cubertería y cristalería no desechable pasará al proceso de lavado mecanizado (tren de lavado de vajilla) llamado también friegaplatos.
d) Las opciones a) y c) son correctas.

52. El Reglamento 852/2004 del Parlamento Europeo y del Consejo, de 29 de abril, relativo a la higiene de los productos alimenticios, dice lo siguiente:

a) Deberán retirarse con la mayor rapidez posible para evitar su acumulación.
b) Los depósitos no siempre se mantendrán limpios y libres de animales y organismos nocivos, dependiendo del estado de suciedad.
c) Deberán retirarse cuando nos encontremos ante gran acumulación.
d) Dependiendo del producto que utilicemos, podrá perjudicar a la contaminación del medio ambiente.

53. Indique la opción correcta. Las bolsas de basura deben ser:

a) Impermeables.
b) Inalterables.
c) De material rugoso.
d) Las opciones a) y b) son correctas.

54. ¿Cómo se llama el proceso de degradación térmica de los residuos en ausencia de oxígeno?

a) Compostaje.
b) Tratamiento biológico.
c) Pirólisis.
d) Biometanización.

55. A los efectos de la Ley 7/2022 de 8 de abril, de residuos y suelos contaminados para una economía circular se atenderá por:

a) Basura dispersa.
b) Agente.
c) Compost.
d) Todas son correctas.

56. Dentro de residuos peligros, nos encontramos con:

a) 14 tipos diferentes de residuos peligrosos.
b) 16 tipos diferentes de residuos peligrosos.
c) 12 tipos diferentes de residuos peligrosos.
d) 15 tipos diferentes de residuos peligrosos.

57. Dentro de HP 3. Inflamable, nos encontramos con:

a) Residuos líquidos inflamables.
b) Residuos que reaccionan en contacto con el agua.
c) Residuos sólidos inflamables.
d) Todas las opciones son correctas.

58. ¿Qué instrumento regula la planificación de la gestión de residuos en Castilla y León?

a) La Estrategia Nacional de Residuos.
b) El Plan Integral de Residuos de Castilla y León (PIRCyL).
c) El Plan Estatal de Suelos Contaminados.
d) La Agenda 2030 autonómica.

59. ¿Cada cuánto tiempo se revisa el PIRCyL?

a) Cada dos años.
b) Cada diez años.
c) Cada seis años o mediante evaluaciones quinquenales.
d) No se revisa.

60. ¿Qué ocurrió con la adaptación del PIRCyL aprobada en 2022?

a) Fue validada por el Parlamento Europeo.
b) Fue anulada por su contenido ambiental.
c) Fue anulada por el Tribunal Supremo por defectos en el proceso participativo y ambiental.
d) Se mantiene vigente sin modificaciones.

61. ¿Qué objetivo se perseguía con la implantación del contenedor de biorresiduos en la Comunidad?

a) Sustituir la recogida de residuos plásticos.
b) Fomentar la recogida de papel y cartón.
c) Mejorar la recogida separada de materia orgánica.
d) Eliminar el uso del contenedor amarillo.

62. ¿Qué actuación se ha promovido respecto a los residuos de construcción y demolición (RCD)?

a) Recogida puerta a puerta en municipios.
b) Instalación de contenedores en supermercados.
c) Clausura y sellado de escombreras históricas de titularidad pública.
d) Incineración de los RCD en cementeras.

Solución al test n.º 9

1. d) Todas las respuestas son correctas.

2. c) Sanitarios asimilables a urbanos.

3. a) Los desperdicios de alimentos y de otro tipo podrán acumularse en locales por los que circulen alimentos.

4. a) Recipientes que se utilizan para acumular directamente los residuos.

5. d) Todas las respuestas son correctas.

6. b) No se trasvasarán residuos de un envase a otro.

7. b) Los depósitos intermedios serán refrigerados para evitar la proliferación de microorganismos.

8. a) Deben recogerse en recipientes metálicos especiales para su posterior incineración.

9. d) Todas las respuestas son correctas.

10. c) Es el lugar donde se llevará a cabo la destrucción de los residuos.

11. d) Las opciones a) y b) son correctas.

12. c) Por incineración.

13. d) Todas las respuestas anteriores son correctas.

14. c) A todo tipo de residuos, con algunas exclusiones.

15. b) A los subproductos animales y sus productos derivados, cuando se destinen a la incineración, a los vertederos o sean utilizados en una planta de digestión anaerobia, de compostaje o de obtención de combustibles.

16. c) Que dichos sedimentos no son peligrosos.

17. d) Todas las respuestas son correctas.

18. d) Los residuos generados por la actividad propia del comercio, al por mayor y al por menor, de los servicios de restauración y bares, de las oficinas y de los mercados, así como del resto del sector servicios.

19. c) Residuos domésticos.

20. d) Los residuos resultantes de los procesos de producción, fabricación, transformación, utilización, consumo, limpieza o mantenimiento generados por la actividad industrial como consecuencia de su actividad principal.

21. a) Residuos domésticos.

22. d) Todas las respuestas son correctas.

23. b) Residuos domésticos.

24. b) Los aceites usados en el entorno doméstico.

25. d) Todas las respuestas anteriores son correctas.

26. d) Todas las respuestas anteriores son correctas.

27. a) Las personas físicas o jurídicas que estén en posesión de residuos.

28. c) Agente.

29. b) Negociante.

30. c) La operación consistente en el acopio, la clasificación y almacenamiento iniciales de residuos, de manera profesional, con el objeto de transportarlos posteriormente a una instalación de tratamiento.

31. c) Recogida separada.

32. a) Preparación para la reutilización.

33. c) Toda operación de valorización mediante la cual los materiales de residuos son transformados de nuevo en productos, materiales o sustancias, tanto si es con la finalidad original como con cualquier otra finalidad.

34. a) La transformación del material orgánico.

35. c) Compost.

36. b) Que la sustancia u objeto se tenga que someter a una transformación ulterior distinta de la práctica industrial habitual.

37. d) La Ley 22/2011, de 28 de julio, de residuos y suelos contaminados.

38. a) Los explosivos desclasificados.

39. b) Gestor de residuos.

40. a) Negociante.

41. a) Relleno.

42. a) Valorización.

43. c) Reutilización.

44. d) Todas las respuestas son correctas.

45. d) Residuo.

46. d) Residuos comerciales.

47. a) Residuos municipales.

48. d) Residuos domésticos.

49. d) Todas son correctas.

50. a) Reciclables.

51. d) Las opciones a) y c) son correctas.

52. a) Deberán retirarse con la mayor rapidez posible para evitar su acumulación.

53. d) Las opciones a) y b) son correctas.

54. c) Pirólisis.

55. d) Todas son correctas.

56. a) 14 tipos diferentes de residuos peligrosos.

57. d) Todas las opciones son correctas.

58. b) El Plan Integral de Residuos de Castilla y León (PIRCyL).

59. c) Cada seis años o mediante evaluaciones quinquenales.

60. c) Fue anulada por el Tribunal Supremo por defectos en el proceso participativo y ambiental.

61. c) Mejorar la recogida separada de materia orgánica.

62. c) Clausura y sellado de escombreras históricas de titularidad pública.

TEST N.º 10

Prevención de riesgos laborales. Precauciones básicas de seguridad con los productos de limpieza y con los utensilios de trabajo. Actuación en caso de accidente

1. ¿Qué se entiende por "riesgo laboral"?

a) La posibilidad de que un trabajador sufra un determinado daño derivado del trabajo.
b) La posibilidad de que un trabajador sufra una enfermedad en el trabajo.
c) La posibilidad de que un trabajador sufra acoso.
d) El riesgo que supone el ir a trabajar.

2. ¿Quién debe garantizar a los trabajadores la vigilancia periódica de su estado de salud en función de los riesgos inherentes al trabajo?

a) La Inspección de Trabajo.
b) El propio trabajador.
c) El empresario.
d) Las secciones sindicales.

3. El derecho básico reconocido a los trabajadores por la Ley 31/1995, de 8 de noviembre, es:

a) La vigilancia de su estado de salud.
b) Una protección eficaz en materia de seguridad y salud en el trabajo.
c) La formación en materia preventiva.
d) La información, consulta y participación.

4. Entre los principios de la acción preventiva recogidos por el artículo 15 de la Ley de Prevención de Riesgos Laborales, no figura:

a) Evitar los riesgos.
b) Evaluar los riesgos que se puedan evitar.
c) Tener en cuenta la evolución de la técnica.
d) Dar las debidas instrucciones a los trabajadores.

5. Según establece el art. 4 de la Ley 31/1995, de 8 de noviembre, de Prevención de Riesgos Laborales, se define como daños derivados del trabajo.

a) La posibilidad de que un trabajador sufra un determinado daño derivado del trabajo.

b) El que resulte probable racionalmente que se materialice en un futuro inmediato y pueda suponer y pueda suponer un daño grave para la salud de los trabajadores.

c) Las enfermedades, patologías o lesiones sufridas con motivo u ocasión del trabajo.

d) Cualquier máquina, aparato, instrumento o instalación utilizada en el trabajo.

6. El Plan de Prevención de Riesgos Laborales se considera como obligación empresarial. Señala la correcta:

a) Cuando se trata de empresas cuya actividad esté comprendida en el anexo I del R.D. 39/1997 de 27 de enero.

b) Si se decide por la Inspección de Trabajo y Seguridad social.

c) Para todas las empresas, independientemente del resultado del análisis de los riesgos.

d) Siempre que lo demande la evaluación inicial de los riesgos.

7. Los instrumentos esenciales para la gestión y aplicación del Plan de prevención de riesgos laborales son:

a) La evaluación de riesgos y la planificación de la actividad preventiva.

b) La evaluación inicial de riesgos y la formación.

c) La planificación y la gestión de la actividad preventiva.

d) La identificación y la evaluación de los riesgos.

8. La prevención de riesgos laborales deberá integrarse en el sistema general de gestión de la empresa a través de:

a) La política preventiva.

b) El plan de prevención.

c) El consenso de las partes.

d) El poder de decisión del empresario.

9. El objeto y carácter de la norma de la Ley 31/1995 de Prevención de Riesgos Laborales dice:

a) La presente Ley tiene por objeto promover la salud de los trabajadores mediante la aplicación de medidas y el desarrollo de las actividades necesarias para la prevención de riesgos derivados del trabajo.

b) La presente Ley tiene por objeto promover la seguridad y la salud de los trabajadores mediante la aplicación de medidas y el desarrollo de las actividades necesarias para la prevención de riesgos derivados del trabajo.

c) La presente Ley tiene por objeto promover la seguridad de los trabajadores mediante la aplicación de medidas y el desarrollo de las actividades necesarias para la prevención de riesgos derivados del trabajo.

d) La presente Ley tiene por objeto promover la seguridad, la salud de los trabajadores y la negociación entre empresa y delegados de prevención, mediante la aplicación de medidas y el desarrollo de las actividades necesarias para la prevención de riesgos derivados del trabajo.

10. La acción preventiva en la empresa:

a) Se planificará por el Comité de Seguridad y Salud a partir de una evaluación inicial de riesgos.

b) Se planificará por los Delegados de Prevención a partir de una evaluación inicial de riesgos.

c) Se planificará por el empresario a partir de una evaluación inicial de riesgos.

d) Se planificará por los Delegados de Personal a partir de una evaluación inicial de riesgos.

11. ¿Cuándo se deben utilizar los equipos de protección individual?

a) Siempre.

b) Cuando los riesgos no hayan sido evaluados.

c) Cuando los riesgos no se puedan evitar o no puedan llmltarse.

d) Cuando el trabajador lo estime oportuno.

12. La Ley de Prevención de Riesgos Laborales, tiene por objeto:

a) Prevenir los accidentes en general.

b) Evitar riesgos en el recorrido al puesto de trabajo.

c) Promover la seguridad y la salud de los trabajadores.

d) Que cada vez haya menos accidentes de tráfico.

13. ¿Quién debe proporcionar al trabajador los equipos individuales de protección adecuados para el desempeño de sus funciones?

a) La Comunidad Autónoma.

b) El empresario.

c) Los Ayuntamientos.

d) El Instituto Nacional de Seguridad y Salud en el Trabajo.

14. Las actividades o medidas que adoptan las empresas en todas sus fases de actividad y tendentes a disminuir o evitar los riesgos derivados del trabajo, se denomina por la Ley 31/1995:

a) Cuidados.

b) Protección.

c) Previsión.

d) Prevención.

15. Se considera como "condición de trabajo":

a) Cualquier característica del trabajo que pueda tener una influencia significativa en la generación de riesgos para la seguridad y la salud del trabajador, quedando excluidas las características generales de los locales e instalaciones, existentes en el centro de trabajo.
b) La naturaleza de los agentes físicos, químicos y biológicos presentes en el ambiente de trabajo y sus correspondientes intensidades, concentraciones o niveles de presencia además de las instalaciones, incluidas las características organizativas del trabajo.
c) Todas aquellas características del trabajo, excluidas las relativas a su organización y ordenación, que influyan en la magnitud de los riesgos a que esté expuesto el trabajador.
d) Todas son correctas.

16. ¿Cuál de los siguientes principios generales de la acción preventiva a aplicar en el trabajo, contenidos en la Ley de Prevención de Riesgos Laborales, es incorrecto?

a) Evaluar los riesgos que no se pueden evitar.
b) Priorizar medidas individuales a las colectivas.
c) Combatir los riesgos en su origen.
d) Tener en cuenta la evolución de la técnica.

17. El proceso dirigido a estimar la magnitud de aquellos riesgos que no hayan podido evitarse, obteniendo la información necesaria para que el empresario esté en condiciones de tomar una decisión apropiada sobre la necesidad de adoptar medidas preventivas y, en tal caso, sobre el tipo de medidas que deben adoptarse, se llama:

a) Adaptación del puesto de trabajo.
b) Evaluación de los riesgos laborales.
c) Plan de prevención de riesgos laborales.
d) Señalización de seguridad y salud en el trabajo.

18. En el marco de sus responsabilidades, el empresario realizará la prevención de los riesgos laborales mediante la integración en la empresa de:

a) Los equipos de protección individual.
b) Los servicios de prevención propios.
c) La actividad preventiva.
d) La normativa comunitaria.

19. El Plan de prevención de riesgos laborales debe ser aprobado por:

a) La dirección de la empresa.
b) La autoridad sanitaria.
c) Los representantes de los trabajadores.
d) Todos los trabajadores.

20. Es un instrumento esencial para la gestión y aplicación del Plan de prevención de riesgos laborales:

a) La jerarquización de la estructura preventiva.
b) La elección de los equipos de trabajo.
c) La evaluación de riesgos.
d) La vigilancia de la salud.

21. De acuerdo con lo establecido en la normativa reguladora de la prevención de riesgos laborales, ¿cuál de los siguientes NO es un principio de la acción preventiva?

a) Evaluar los riesgos que no se puedan evitar.
b) Adoptar medidas que antepongan la protección individual a la colectiva.
c) Evitar los riesgos como primera medida.
d) Combatir los riesgos en su origen.

22. Toda lesión corporal que el trabajador sufra con ocasión del trabajo que ejerza por cuenta ajena:

a) Es un riesgo laboral.
b) Es un accidente.
c) Es una enfermedad profesional.
d) Es una simple circunstancia.

23. Señala la respuesta incorrecta:

a) La Ley de Prevención de Riesgos Laborales se aplica a los operativos de Seguridad civil en casos de catástrofe.
b) La Ley de Prevención de Riesgos Laborales se aplica a las sociedades cooperativas.
c) La Ley de Prevención de Riesgos Laborales no se aplica a la relación laboral de carácter especial del hogar familiar.
d) La Ley de Prevención de Riesgos Laborales no se aplica en ningún caso en los establecimientos penitenciarios.

24. Según el artículo 5 de la Ley 31/1995, la política en materia de prevención tendrá por objeto la .... de la mejora de las condiciones de trabajo dirigida a elevar el nivel de protección de la seguridad y la salud de los trabajadores en el trabajo. Señalar la palabra que falta:

a) Revisión.
b) Normalización.
c) Regulación.
d) Promoción.

25. Según la Ley de Prevención de Riesgos Laborales, es obligación de los trabajadores en materia de prevención de riesgos:

a) La protección eficaz en materia de seguridad y salud en el trabajo.

b) Utilizar correctamente los medios y equipos de protección facilitados por el empresario, de acuerdo con las instrucciones recibidas de éste.

c) Soportar el coste de las medidas relativas a la seguridad y la salud en el trabajo.

d) Desarrollar una acción permanente de seguimiento de la actividad preventiva.

26. ¿Qué norma regula en España la manipulación manual de cargas con riesgos dorsolumbares?

a) Ley 14/1986, General de Sanidad.

b) Real Decreto 664/1997, sobre agentes biológicos.

c) Real Decreto 487/1997, de 14 de abril.

d) Real Decreto 39/1997, Reglamento de los Servicios de Prevención.

27. ¿Qué peso máximo recomendado no debe sobrepasarse en condiciones ideales de manipulación?

a) 15 kg.

b) 20 kg.

c) 25 kg.

d) 30 kg.

28. ¿Cuál es el peso máximo aconsejable para mujeres, jóvenes o trabajadores de edad avanzada?

a) 10 kg.

b) 15 kg.

c) 20 kg.

d) 25 kg.

29. ¿Qué recomendación o conducta a seguir ante un accidente laboral con exposición a sangre y fluidos corporales contaminados es falsa?

a) Se debe limpiar la herida inmediatamente después del accidente.

b) Se debe determinar el estado inmunológico del sujeto accidentado frente a los virus: VHB, VHC y VIH.

c) Se debe comunicar todo accidente de forma inmediata al responsable de la planta de hospitalización (supervisor) y al Servicio de Medicina Preventiva del hospital.

d) Todas las anteriores son correctas.

30. ¿Cuál es el desplazamiento vertical ideal de una carga?

a) Hasta 25 cm.

b) 15 cm.

c) 10 cm.
d) 50 cm.

31. ¿Qué límite de alcance no debe superarse al manipular cargas?

a) 150 cm.
b) 160 cm.
c) 170 cm.
d) 175 cm.

32. ¿Qué efecto provoca la inclinación del tronco al levantar una carga?

a) Disminuye la presión en la zona lumbar.
b) Aumenta las fuerzas compresivas en la zona lumbar.
c) Mejora el equilibrio.
d) Favorece la respiración.

33. Indica la respuesta correcta: se consideran riesgos ergonómicos:

a) Los que derivan de la falta de motivación.
b) Los asociados a tareas que implican esfuerzo físico excesivo.
c) Los riesgos higiénicos fundamentalmente.
d) Todas son correctas.

34. Los equipos de protección individual están destinados:

a) Al uso personal.
b) A la comunidad.
c) A un equipo de trabajo.
d) A quien lo necesite.

35. Eliminar la suciedad, papeles, derrames, grasas, desperdicios y obstáculos contra los que se pueda tropezar y retirar los objetos innecesarios y utensilios que no se estén utilizando, es una medida preventiva para evitar:

a) Caídas al mismo nivel.
b) Cortes y heridas.
c) Incendios.
d) Todas con correctas.

36. Señale cual de las siguientes opciones no es una medida preventiva, frente a quemaduras por el contacto con objetos o gases calientes:

a) Comprar máquinas y utensilios seguros que tengan el marcado CE.
b) No llenar los recipientes hasta arriba.

c) Comprobar el termostato de la freidora antes de la introducción de alimentos.
d) Todas son correctas.

37. No es un factor de riesgo de incendio y explosión:

a) Sólidos inflamables (papel, trapos, cajas).
b) Sustancias cáusticas y corrosivas.
c) Líquidos inflamables (disolventes, alcoholes).
d) Presencia de focos de ignición.

38. Cuando se deban utilizar escaleras de mano, para fines de acceso, deberán tener la longitud necesaria para:

a) Sobresalir como mínimo un 2 % de la longitud total de la escalera.
b) No sobresalir del plano de trabajo al que se accede.
c) Alcanzar como mínimo, en sus extremos, el plano de trabajo a que se accede.
d) Sobresalir al menos 1 metro del plano de trabajo al que se accede.

39. En trabajos temporales en altura, los equipos de trabajo, con excepción de las escaleras de mano y sistema de cuerdas, deberán disponer de sistemas de protección colectiva cuando exista un riesgo de caída:

a) De una altura de más de 2 metros.
b) De una altura de más de 5 metros.
c) De una altura de más de 6.5 metros.
d) De una altura de más de 3 metros.

40. Las escaleras de mano simples se colocarán:

a) En la medida de lo posible, formando un ángulo aproximado de 15 grados con la horizontal.
b) En la medida de lo posible, formando un ángulo aproximado de 25 grados con la horizontal.
c) En la medida de lo posible, formando un ángulo aproximado de 35 grados con la horizontal.
d) En la medida de lo posible, formando un ángulo aproximado de 75 grados con la horizontal.

41. ¿Qué incluye el concepto de Soporte Vital Básico (SVB)?

a) Solo la resucitación cardiopulmonar.
b) Únicamente la activación de servicios de emergencia.
c) Solamente el control de hemorragias.
d) Todas las actuaciones realizadas para mantener al accidentado y su entorno en las mejores condiciones para su rescate, de esta forma incluye la protección del entorno y del paciente, el control de hemorragias, el cuidado de las heridas, identificación de las diferentes situaciones en las que podemos encontrarnos y activación de los servicios de emergencias.

42. ¿Qué indica una parada cardiorrespiratoria (PCR)?

a) Ausencia de respiración con pulso.
b) Presencia de respiración entrecortada.
c) Solo pérdida de consciencia.
d) Cese de la actividad mecánica cardíaca y ausencia de respiración.

43. ¿Qué es el "Estilo Utstein"?

a) Un protocolo para el uso de DEA.
b) Una técnica de masaje cardíaco externo.
c) Un manual de primeros auxilios.
d) La elaboración de un glosario de los términos fundamentales en la RCP.

44. ¿Qué representa la "P" del protocolo P.A.S.?

a) Proteger.
b) Prevenir.
c) Priorizar.
d) Parar.

45. ¿Qué se valora en la valoración primaria?

a) Temperatura corporal y heridas.
b) Estado cognitivo y pulso.
c) Estado de las extremidades.
d) Consciencia y respiración.

46. ¿Cómo se identifica una hemorragia arterial?

a) Sangre oscura que sale lentamente.
b) Sangre en forma de sábana.
c) Sangre mezclada con pus.
d) Sangre de color rojo brillante que sale con fuerza siguiendo las pulsaciones.

47. ¿Cuándo está indicado el uso de torniquete?

a) Solo en caso de amputación traumática de un miembro.
b) En hemorragias internas.
c) Cuando no hay apósitos disponibles.
d) En toda hemorragia abundante.

48. ¿Cuál es el primer paso a seguir ante una herida simple?

a) Colocar un apósito estéril.
b) Aplicar antiséptico.
c) Evaluar la profundidad.
d) Lavarnos las manos antes de iniciar el proceso.

49. ¿Cómo se clasifica una herida que atraviesa completamente el cuerpo?

a) Perforante.
b) Penetrante.
c) Profunda.
d) Superficial.

50. ¿Qué no se debe hacer ante una herida con objeto incrustado?

a) Mantener al paciente cómodo.
b) No ofrecer alimentos ni bebidas.
c) Esperar junto al paciente.
d) Retirar el objeto.

51. ¿Qué es un esguince?

a) Fractura del hueso.
b) Separación permanente de la articulación.
c) Rotura muscular.
d) Flexión excesiva de una articulación con daño a sus estructuras.

52. ¿Qué grado de quemadura afecta todas las capas de la piel?

a) Primer grado.
b) Segundo grado.
c) Leve.
d) Tercer grado.

53. ¿A partir de qué porcentaje se considera grave una quemadura en adultos?

a) 10 %.
b) 15 %.
c) 20 %.
d) 25 %.

54. ¿Cuál es la principal diferencia entre lipotimia y síncope?

a) En el síncope no hay pérdida de conocimiento.
b) En la lipotimia hay sudoración.
c) En la lipotimia hay signos previos a la pérdida de conciencia, en el síncope no.
d) En la lipotimia se pierde el control de esfínteres.

55. ¿Qué no debe hacerse durante una convulsión?

a) Aflojar la ropa del paciente.
b) Separar los objetos cercanos.
c) Colocar un cojín bajo la cabeza.
d) Intentar abrir la boca del paciente.

56. ¿Qué guía clínica sigue España para la actuación en parada cardiorrespiratoria?

a) Las recomendaciones de la OMS.
b) Las guías americanas de la AHA.
c) Las normas de la Cruz Roja Internacional.
d) Las indicaciones del comité europeo de resucitación (ERC).

57. ¿Qué eslabón de la cadena de supervivencia consiste en activar el 112?

a) El segundo eslabón.
b) El primer eslabón.
c) El tercero.
d) El cuarto.

58. ¿Cuál es la secuencia correcta de RCP según el algoritmo del ERC 2021?

a) Evaluar pulso – respiración – compresiones.
b) Tocar – gritar – sacudir – respirar.
c) Comprobar consciencia y respiración – llamar al 112 – compresiones – ventilaciones.
d) Evaluar estado general – compresiones – llamar al 112.

59. ¿Qué profundidad deben tener las compresiones torácicas según el ERC?

a) 4-5 cm.
b) 5-6 cm.
c) 6-8 cm.
d) 3-4 cm.

60. ¿Qué indica el acrónimo VOS en la valoración respiratoria?

a) Ver – Oír – Sentir.
b) Ver – Oír – Sufrir.
c) Verificar – Observar – Soplar.
d) Visualizar – Oler – Sondear.

61. ¿Qué maniobra se recomienda para abrir la vía aérea en traumatizados?

a) Frente-mentón.
b) Tracción mandibular.
c) Barrido digital.
d) Elevación torácica.

62. ¿Para qué se utiliza la posición lateral de seguridad (PLS)?

a) Para mejorar el flujo venoso.
b) Para favorecer el masaje cardíaco.
c) Para evitar la obstrucción de la vía aérea por caída de la lengua o vómito.
d) Para inmovilizar al paciente inconsciente.

63. ¿Qué maniobra se aplica primero ante un atragantamiento total?

a) Maniobra frente-mentón.
b) 5 golpes interescapulares.
c) 30 compresiones torácicas.
d) Desfibrilación precoz.

64. ¿Qué hacer si el paciente pierde la consciencia tras un atragantamiento?

a) Realizar maniobra de Heimlich.
b) Llamar al 061.
c) Iniciar maniobras de RCP básica.
d) Aplicar oxígeno con mascarilla.

65. ¿Qué tipo de desfibrilador indica la necesidad de descarga, pero no la aplica solo?

a) Manual.
b) Automático (DEA).
c) Semiautomático (DESA).
d) Implantable (DAI).

66. ¿Dónde deben colocarse los electrodos del DEA en adultos?

a) En posición esternón-ápex.
b) En el centro del pecho.
c) En ambos lados del cuello.
d) Sobre la espalda.

67. ¿Cuándo puede suspenderse la RCP básica?

a) Cuando el paciente convulsiona.
b) Si el reanimador se cansa después de 2 minutos.
c) Cuando se confirma que han pasado más de 10 minutos sin RCP desde la parada.
d) Si el paciente sigue inconsciente.

68. ¿Qué causa más frecuente tiene la PCR en niños?

a) Cardiopatías congénitas.
b) Accidentes de tráfico.
c) Disfunciones respiratorias.
d) Malformaciones cerebrales.

69. ¿Qué relación compresiones/ventilaciones se recomienda en RCP pediátrica?

a) 30:2.
b) 10:1.
c) 5:1.
d) 15:2.

70. ¿Qué diferencia clave hay en OVACE entre adultos y lactantes?

a) En adultos no se hace Heimlich.
b) En lactantes se usan compresiones abdominales.
c) En lactantes se aplican compresiones torácicas, no abdominales.
d) En adultos no se dan golpes interescapulares.

71. ¿Qué postura es correcta al levantar una carga?

a) Tronco inclinado y rodillas rígidas.
b) Cargar solo con los brazos.
c) Doblar las piernas manteniendo la espalda recta y el mentón metido.
d) Girar el tronco para ahorrar esfuerzo.

72. ¿Qué tipo de agarre se recomienda como el más seguro al manipular cargas?

a) Agarre de gancho.
b) Agarre lateral con los dedos.
c) Agarre con una mano.
d) Agarre con muñeca desviada.

73. ¿Qué medida debe adoptarse al transportar cargas durante una jornada de 8 horas?

a) No superar los 15 kg acumulados.
b) No superar 10.000 kg si la distancia es hasta 10 m.
c) No superar 8.000 kg si la distancia es más de 10 m.
d) No superar 20.000 kg en ningún caso.

74. ¿Qué debe hacerse siempre al levantar una carga pesada desde el suelo hasta los hombros?

a) Tirar con fuerza rápida.
b) Elevar con un solo movimiento.
c) Apoyar la carga a medio camino para cambiar el agarre.
d) Girar el tronco al mismo tiempo.

Solución al test n.º 10

1. a) La posibilidad de que un trabajador sufra un determinado daño derivado del trabajo.

2. c) El empresario.

3. b) Una protección eficaz en materia de seguridad y salud en el trabajo.

4. b) Evaluar los riesgos que se puedan evitar.

5. c) Las enfermedades, patologías o lesiones sufridas con motivo u ocasión del trabajo.

6. c) Para todas las empresas, independientemente del resultado del análisis de los riesgos.

7. a) La evaluación de riesgos y la planificación de la actividad preventiva.

8. b) El plan de prevención.

9. b) La presente Ley tiene por objeto promover la seguridad y la salud de los trabajadores mediante la aplicación de medidas y el desarrollo de las actividades necesarias para la prevención de riesgos derivados del trabajo.

10. c) Se planificará por el empresario a partir de una evaluación inicial de riesgos.

11. c) Cuando los riesgos no se puedan evitar o no puedan limitarse.

12. c) Promover la seguridad y la salud de los trabajadores.

13. b) El empresario.

14. d) Prevención.

15. b) La naturaleza de los agentes físicos, químicos y biológicos presentes en el ambiente de trabajo y sus correspondientes intensidades, concentraciones o niveles de presencia además de las instalaciones, incluidas las características organizativas del trabajo.

16. b) Priorizar medidas individuales a las colectivas.

17. b) Evaluación de los riesgos laborales.

18. c) La actividad preventiva.

19. a) La dirección de la empresa.

20. c) La evaluación de riesgos.

21. b) Adoptar medidas que antepongan la protección individual a la colectiva.

22. b) Es un accidente.

23. a) La Ley de Prevención de Riesgos Laborales se aplica a los operativos de Seguridad civil en casos de catástrofe.

24. d) Promoción.

25. b) Utilizar correctamente los medios y equipos de protección facilitados por el empresario, de acuerdo con las instrucciones recibidas de éste.

26. c) Real Decreto 487/1997, de 14 de abril.

27. c) 25 kg.

28. b) 15 kg.

29. d) Todas las anteriores son correctas.

30. a) Hasta 25 cm.

31. d) 175 cm.

32. b) Aumenta las fuerzas compresivas en la zona lumbar.

33. b) Los asociados a tareas que implican esfuerzo físico excesivo.

34. a) Al uso personal.

35. a) Caídas al mismo nivel.

36. d) Todas son correctas.

37. b) Sustancias cáusticas y corrosivas.

38. d) Sobresalir al menos 1 metro del plano de trabajo al que se accede.

39. a) De una altura de más de 2 metros.

40. d) En la medida de lo posible, formando un ángulo aproximado de 75 grados con la horizontal.

41. d) Todas las actuaciones realizadas para mantener al accidentado y su entorno en las mejores condiciones para su rescate, de esta forma incluye la protección del entorno y del paciente, el control de hemorragias, el cuidado de las heridas, identificación de las diferentes situaciones en las que podemos encontrarnos y activación de los servicios de emergencias.

42. d) Cese de la actividad mecánica cardíaca y ausencia de respiración.

43. d) La elaboración de un glosario de los términos fundamentales en la RCP.

44. a) Proteger.

45. d) Consciencia y respiración.

46. d) Sangre de color rojo brillante que sale con fuerza siguiendo las pulsaciones.

47. a) Solo en caso de amputación traumática de un miembro.

48. d) Lavarnos las manos antes de iniciar el proceso.

49. a) Perforante.

50. d) Retirar el objeto.

51. d) Flexión excesiva de una articulación con daño a sus estructuras.

52. d) Tercer grado.

53. d) 25 %.

54. c) En la lipotimia hay signos previos a la pérdida de conciencia, en el síncope no.

55. d) Intentar abrir la boca del paciente.

56. d) Las indicaciones del comité europeo de resucitación (ERC).

57. b) El primer eslabón.

58. c) Comprobar consciencia y respiración – llamar al 112 – compresiones – ventilaciones.

59. b) 5-6 cm.

60. a) Ver – Oír – Sentir.

61. b) Tracción mandibular.

62. c) Para evitar la obstrucción de la vía aérea por caída de la lengua o vómito.

63. b) 5 golpes interescapulares.

64. c) Iniciar maniobras de RCP básica.

65. c) Semiautomático (DESA).

66. a) En posición esternón-ápex.

67. c) Cuando se confirma que han pasado más de 10 minutos sin RCP desde la parada.

68. c) Disfunciones respiratorias.

69. d) 15:2.

70. c) En lactantes se aplican compresiones torácicas, no abdominales.

71. c) Doblar las piernas manteniendo la espalda recta y el mentón metido.

72. a) Agarre de gancho.

73. b) No superar 10.000 kg si la distancia es hasta 10 m.

74. c) Apoyar la carga a medio camino para cambiar el agarre.

Cómo acceder al Curso

Limpiador/a
Test del temario

El uso de los códigos **es exclusivo de los compradores de los productos de Editorial MAD**. Cada producto posee un código único y de un solo uso. Es personal e intransferible y da acceso a servicios y contenidos adicionales. Editorial MAD se reserva el derecho de hacer cuantas comprobaciones sean necesarias para identificar al legítimo poseedor del código y dejar de dar servicio a quien haga uso fraudulento del mismo, además de emprender cuantas acciones legales estime oportunas según la legislación vigente.

Deberás acceder a:

mad.es/registro-campus

Si una vez aceptadas las condiciones de uso del Campus decides hacer uso del mismo, necesitarás del siguiente código de acceso junto con los códigos del resto de títulos que se exigen (si fuera el caso):

NAYRFLPX96